STRESS, STREIT, GEFÜHLSCHAOS

EIN RATGEBER FÜR JUNGE MENSCHEN MIT STARKEN EMOTIONEN

SIMONE STOJAN
NARONA THORDSEN

BALANCE RATGEBER

Simone Stojan, Narona Thordsen
Stress, Streit, Gefühlschaos
Ein Ratgeber für junge Menschen mit starken Emotionen

ISBN: 978-3-86739-254-9
ISBN E-Book (PDF): 978-3-86739-257-0
ISBN E-Book (EPUB): 978-3-86739-258-7

Bibliografische Information der Deutschen Nationalbibliothek

Die Deutsche Nationalbibliothek verzeichnet diese Publikation in der Deutschen Nationalbibliografie; detaillierte bibliografische Daten sind im Internet über http://dnb.d-nb.de abrufbar.

Der BALANCE buch + medien verlag ist ein Imprint
der Psychiatrie Verlag GmbH, Köln.

Lektorat: Silke Reutler, Köln

Umschlagkonzeption und -gestaltung: GRAFIKSCHMITZ, Köln, unter Verwendung eines Bildes von Addictive Stock / photocase.de

Typografiekonzeption, Satz und Grafiken: Alexander Klar, Wettringen

Illustrationen: Rosa Linke, Weimar

Druck und Bindung: Westermann Druck Zwickau

STRESS, STREIT, GEFÜHLSCHAOS

INHALT

DOWNLOAD-MATERIALIEN

Im Text werden einige Arbeitsblätter erwähnt, die du dir im Internet herunterladen kannst: https://balance-verlag.de/product/stress-streit-gefuehlschaos/

Den Code findest du auf Seite 32.

Arbeitsblatt 1: Impulsives Verhalten

Arbeitsblatt 2: Basisemotionen erkennen

Arbeitsblatt 3: Dem Handlungsimpuls folgen oder nicht?

Arbeitsblatt 4: Basisemotionen leiser stellen

Arbeitsblatt 5: Basisemotionen lauter stellen

Arbeitsblatt 6: Was ist noch normal und was nicht?

Arbeitsblatt 7: Hilfe bei hoher Anspannung – einfache Dinge tun!

EIN PAAR WORTE VORAB

ETWAS ZU FÜHLEN
von Trine

Etwas zu fühlen ist menschlich.
Doch was für ein Mensch
bin dann bloß ich?
Wenn ich mal fühle, ist es,
als hätte irgendjemand
in mir einen Schalter umgelegt.
Eben war ich noch euphorisch
und nun total depressiv.
Ansonsten fühle ich mich leer
und leider nicht neutral.
Ist das etwa normal?

Bei mir ist es Dauerzustand.
Anders habe ich es nie gekannt.
Dabei strengt es so unglaublich an.
Ich fühle etwas
und werde dabei innerlich zerrissen.
Am schlimmsten ist es, zu vermissen.
Einfacher wäre es, nichts zu fühlen,
doch dann würde man sich selbst betrügen.
Dabei wäre es einfacher, sich anzulügen,
als diesen schlimmen Emotionen nachzugeben.
Was ist das für ein Leben?

Außenstehende verstehen es nicht.
Die denken, ich sei nicht ganz dicht.
Es ist für mich selbst doch unerklärlich
und absolut anstrengend und nervig.
Ständig sorgt es für Verwirrung
durch die sich rasch ändernde Stimmung.
Für mich ist das die reinste Zumutung.
Eine komplette Reizüberflutung.

Dies Buch ist für alle, die Gefühle haben – so starke Gefühle, dass sie diese wie Trine kaum aushalten können. Es ist ein Buch für all diejenigen, die unter ihren Gefühlen leiden und mit ihnen oft so überfordert sind, dass sie sich selbst oder anderen schaden.

Gefühle machen unser Leben bunt und aufregend, aber manchmal auch sehr anstrengend oder sogar beängstigend. Wir alle haben sie, wir alle sind von ihnen manchmal einfach nur überwältigt, können sie nicht einordnen, nicht kontrollieren, wissen nicht, wie wir mit ihnen umgehen sollen, und wollen sie am liebsten einfach nur loswerden. Aber so einfach ist das eben nicht. Woher kommen Gefühle eigentlich, wofür brauchen wir sie und was können wir tun, wenn sie zum Problem werden?

Gefühle oder Emotionen, wie wir sie auch nennen, sind grundsätzlich etwas ganz Normales. Wenn sie allerdings so stark sind, dass wir sie als Bedrohung empfinden, wird es schwierig. Doch ganz gleich, wie sie sich zeigen und wie stark sie sind – wir können üben, mit ihnen umzugehen. Sie anzuschauen, sich ihnen zu stellen, kann sehr anstrengend und schmerzhaft sein, aber auf jeden Fall eine Chance, sich von ihnen nicht mitreißen zu lassen. Es kann sein, dass wir uns möglichst wenig mit unseren Gefühlen beschäftigen wollen, sie lästig, unangenehm oder sogar beängstigend finden. Manchmal scheinen unsere Gefühle im falschen Moment zu kommen oder so stark zu werden, dass wir die Kontrolle verlieren. Unsere Emotionen können sich unerträglich oder auch großartig anfühlen. Genauso kann es sein, dass wir manchmal gar nichts mehr fühlen. Und in all diesem Gefühlschaos können sich ernsthafte Probleme entwickeln, wenn wir nicht gelernt haben, unsere Gefühle zu erkennen, zuzulassen und dann mit ihnen umzugehen und sie zu zeigen. Wenn wir es lernen, unsere Gefühle angemessen zu regulieren, beugt das der Entwicklung von psychischen Problemen vor.

Dadurch, dass du dieses Buch in die Hand genommen hast, bist du schon einen ersten Schritt im Umgang mit deinen Gefühlen gegangen. Du bist offen dafür, deine Gefühle kennenzulernen und dich mit ihnen auseinanderzusetzen.

In diesem Buch erklären wir, wie es zu starken und schmerzhaften Gefühlen kommt und welche schwerwiegenden Probleme entstehen können – zum Beispiel in der Familie oder mit Freundinnen und Freunden. Wir zeigen auf, welche Möglichkeiten wir haben, mit unseren Gefühlen umzugehen, und wir machen konkrete Lösungsvorschläge für schwierige Situationen. Wir geben Antworten auf die wichtigsten Fragen zum Thema starke Gefühle und damit verknüpfte Symptomatik, denen wir in unserem klinischen Alltag bei der Arbeit mit Jugendlichen und ihren Familien oft begegnen. Dabei wenden wir uns gegen Ende des Buches auch einmal direkt an deine Eltern und Freunde, damit auch sie sich diesem Thema stellen und dich auf deinem Weg besser unterstützen können.

Das Buch ist in verschiedene Bereiche gegliedert. In hervorgehobenen Abschnitten findest du folgende Informationen:

Noch mal in kurz Hier sind die wichtigsten Infos aus dem vorherigen Abschnitt zusammengefasst. So kannst du später schneller Dinge wiederfinden, die du gelesen hast oder noch mal nachschauen möchtest.

Jetzt du! Hier findest du Anregungen und Aufgaben, mit denen du mehr über dich und deine Art zu fühlen herausfinden kannst.

Trine ist eine junge Frau Anfang zwanzig, die wegen ihrer sehr starken Gefühle immer wieder in Krisen geraten ist und sich als Jugendliche selbst verletzt hat. Wir lassen sie in diesem Buch zu Wort kommen, weil sie aus eigener Erfahrung sehr gut beschreiben kann, wie es ist, mit schmerzhaften Gefühlen zu kämpfen.

Wir hoffen, dass du in diesem Buch die Antworten und Anregungen findest, die dir weiterhelfen.

Simone Stojan und Narona Thordsen

Noch zwei Hinweise: Aus Gründen der besseren Lesbarkeit haben wir, wann immer möglich, neutrale Formen gewählt, ab und zu auch männliche und weibliche Formen kombiniert, es sind aber ausdrücklich alle Geschlechteridentitäten gemeint.

Und mit unserem Buch erheben wir keinen Anspruch auf Wissenschaftlichkeit. Uns geht es darum, unsere Erfahrungen aus der Praxis gut verständlich und hilfreich weiterzugeben. Natürlich fußen alle Aussagen und Festlegungen auf fundiertem theoretischem Wissen; die Quellen, auf die wir uns beziehen, finden sich im Literaturverzeichnis. Wir verzichten aus Lesbarkeitsgründen bewusst darauf, zugrunde liegende Theorien und Annahmen im Fließtext zu kennzeichnen und fachlich zu belegen. Viele Inhalte und Strategien knüpfen an die Dialektisch-Behaviorale Therapie an, wurden aber zum Teil erweitert oder für den Alltagsgebrauch runtergebrochen.

EMOTIONEN UND GEFÜHLSCHAOS

In diesem Kapitel geht es um unsere Emotionen und die Probleme, die sie uns machen können. Wir erklären die Herausforderungen im Umgang mit Gefühlen und die Symptome, die entstehen können, wenn wir nicht oder nicht ausreichend lernen, mit unseren Gefühlen umzugehen. Außerdem erklären wir, warum es manchen Menschen schwerer fällt und manchen leichter, mit ihren Gefühlen klarzukommen. Und wir zeigen auch, dass Gefühle sehr sinnvoll sind und manchmal auch einfach nur schön.

DU UND DEINE EMOTIONEN

Als Erstes wollen wir ein paar Situationen beschreiben, in denen Gefühle ernsthafte Spielverderber sein können. Vielleicht erkennst du dich darin wieder.

ABLENKEN STATT LERNEN

Vielleicht hast du schon mal von Prokrastination gehört. Damit ist gemeint, dass wir eine Aufgabe, also etwas eigentlich Wichtiges, aufschieben: Du musst lernen, lenkst dich aber mit anderen Dingen ab.

Dein Gefühl sagt: »Mich stresst allein der Gedanke ans Lernen, ich will nicht!« Dein Verstand sagt: »Fang endlich an! Wenn du jetzt loslegst, kommst du noch gut hin mit der Zeit.«

Und was machen wir? Serien gucken, zocken, rumhängen, aufräumen, telefonieren ...

Das Gefühl gewinnt! Dann kommst du irgendwann unter Zeitdruck und erledigst die Aufgabe gehetzt, mit schlechten Gefühlen und dem Gedanken: »Hätte ich doch nur früher angefangen!«

Gefühle leben im Moment und denken nicht an morgen.

EINBRECHER!

Du bist allein zu Hause und genießt die Ruhe und die Zeit für dich. Du entspannst dich, hängst rum, fühlst dich wohl. Dann wird es irgendwann dunkel und je später es wird, umso mulmiger wird dir.

»War da ein Geräusch? ... Ich mache einfach überall Licht an und die Vorhänge zu, dann denkt der Einbrecher, es sind alle da ... Wie oft passieren eigentlich Einbrüche? ... Da war ein Schatten!«

Deine Gedanken rasen, dir wird warm, du wirst hektisch, bist jetzt alles andere als entspannt. Du kriegst richtig Panik und traust dich nicht mal mehr ins Bad, in das du sonst ganz selbstverständlich gehst. Du legst dich in dein Bett, lässt aber das Licht an und kannst dein Herz klopfen hören ... Irgendwann schläfst du ein.

Am Morgen ist das Gefühl verschwunden, alles ist ruhig. Du schüttelst den Kopf und wunderst dich, wieso und wovor du dich am Abend zuvor so gefürchtet hast.

Schon verrückt, wie uns ein und derselbe Ort in einer Situation Angst machen und in der nächsten wieder Sicherheit geben kann.

Gefühle können uns also einen gewaltigen Streich spielen.

DAS GÖNN ICH DIR NICHT! ODER DOCH?

Du sitzt zu Hause am Laptop, es läuft gute Musik im Hintergrund und du willst deine Hausaufgaben erledigen. »Pling.« Dein Handy ist eine willkommene Abwechslung. Du schaust nach, was gerade neu hochgeladen wurde, und siehst ein Foto deines besten Freundes. Innerlich wird dir mit einem Mal ganz kalt. Das Bild hat nach einer Minute schon mehr Likes als deins von gestern. Du denkst: »Warum bin ich nicht so beliebt?« und bekommst einen Kloß im Hals. Plötzlich wirst du wütend: »Immer drängt er sich in den Vordergrund! Und die anderen fallen auch noch drauf rein!« Dein Gesicht verspannt sich, du kannst gar nicht weggucken.

Schnell kommt dann das schlechte Gewissen: »Was bin ich für ein schlechter Mensch, der so über seinen besten Freund denkt? Sollte ich mich nicht für ihn freuen?« Du bist hin- und hergerissen zwischen den Gefühlen, und auf die Hausaufgaben konzentrieren kannst du dich überhaupt nicht mehr.

Gefühle können sehr schnell hin- und herspringen, uns verwirren und dabei ziemliches Chaos anrichten.

Was haben diese drei Beispiele gemeinsam?

Unsere Gefühle machen uns oft mehr Ärger als dass sie uns helfen – jedenfalls kommt uns das häufig so vor. Nur mit dem Verstand betrachtet wissen wir, dass wir rechtzeitig mit der Arbeit anfangen sollten, dass kein Einbrecher da ist und dass wir unseren besten Freund mögen, auch wenn wir mal neidisch auf ihn sind. Und doch können wir uns nicht gegen diese Gefühle wehren und sind häufig überfordert mit dem Mix an unterschiedlichen Gefühlen. Aber warum ist das so?

Das hat damit zu tun, dass unser Verhalten nicht nur vom Verstand, also mit Logik, entschieden wird, sondern auch von unseren Gefühlen geprägt ist. Und die sind sich nun mal nicht immer einig. Und das macht es schwierig.

Wozu also überhaupt Emotionen, könnte man sich fragen. Logik allein reicht doch und macht es zudem einfacher! Das könnte man so denken. Aber dass wir Gefühle haben, ergibt Sinn, wenn wir uns anschauen, wie wir uns als Menschen entwickelt haben.

EMOTIONEN

Emotionen sind Teil eines jeden Menschen, und das schon immer. Menschen gibt es seit mehreren Millionen Jahren, und wir gehen davon aus, dass es in etwa so lange auch Gefühle gibt. Unsere Emotionen sind als Teil des Instinkts entstanden und somit wirklich sehr alt. Instinkte sind durch spezifische Gefühle und Handlungsimpulse gekennzeichnet. Sie sind wie eine Art sehr schnelle Einschätzung einer Situation.

Daraus ergibt sich, dass durch den Instinkt manchmal Gefühle ausgelöst werden, die beim genaueren Hinsehen nicht passend zu sein scheinen. Unsere Gefühle sind entstanden und haben sich zu einer Zeit entwickelt, als die Welt und das Leben ganz anders waren als heute. Der Mensch in der Urzeit war völlig anderen Gefahren und Herausforderungen ausgesetzt als wir jetzt. Er wird sehr oft Angst vor wilden Tieren gehabt haben, aber bestimmt nicht vor der nächsten Deutschklausur. Du hingegen wirst vermutlich häufiger Angst vor Klausuren gehabt haben als vor wilden Tieren in deiner Umgebung. Trotzdem sind die Gefühle des Urzeitmenschen und deine Gefühle grundsätzlich die gleichen.

Alle Menschen haben die gleichen Gefühle und unterscheiden sich eigentlich nur darin, wie stark sie diese empfinden und wie sie mit ihnen umgehen. Jede Kultur hat ihre Regeln im Umgang mit Gefühlen, die sehr unterschiedlich sein können. Selbst in ein und demselben Kulturraum können diese Regeln von Familie zu Familie ganz anders sein. In der einen Familie zieht man sich zurück, wenn man traurig oder wütend ist, in der anderen zeigt man das offen und geht in die Auseinandersetzung.

JETZT DU Wie ist das bei dir? Gibt es Gefühle, mit denen dir der Umgang leichter oder schwerer fällt? Nimm dir ein paar Minuten Zeit, um darüber nachzudenken, warum das so sein könnte. Vielleicht sprichst du auch mal mit deiner Familie oder Freunden darüber. Wie ist es bei ihnen?

NOCH MAL IN KURZ Gefühle sind zwar grundsätzlich bei allen Menschen gleich, aber wir lernen je nachdem, wo und wie wir aufwachsen, unterschiedlich, mit ihnen umzugehen. Auch kann ein und dasselbe Gefühl bei verschiedenen Personen durch ganz unterschiedliche Dinge ausgelöst werden. Es kann sich in der Stärke unterscheiden und in dem Verhalten, das wir als Reaktion auf ein Gefühl zeigen.

WARUM WIR EMOTIONEN HABEN

Gefühle haben sich entwickelt, damit uns nicht alles egal ist. Wir können sie uns wie eine Art Ratgeber vorstellen. Sie sind Motor für unser Verhalten und helfen uns, unsere Ziele zu erreichen. Wenn du dich zum Beispiel mit deinem besten Freund treffen willst, es aber draußen regnet und du gar keine Lust aufs Fahrradfahren hast, dann ist vermutlich die Vorfreude dein Motor. Du denkst an den Film, den ihr gucken wollt, und an das gemeinsame Lachen. Und schon bringst du die nervige Fahrradtour im Regen hinter dich, weil du dich dann auf einen schönen Abend mit deinem Freund freuen kannst.

Freude fühlt sich wie eine Belohnung an. Sie belohnt uns mit einem Wohlgefühl, mit Lächeln, mit Glückshormonen, mit schönen Erinnerungen und positiven Gedanken. Gefühle sorgen also dafür, dass wir manche Dinge lieber tun und andere lieber lassen.

Unsere Gefühle können uns aber nicht nur belohnen – sie können auch dafür sorgen, dass wir auf uns aufpassen. Wenn etwas neu, unbekannt oder auf eine andere Art und Weise möglicherweise bedrohlich ist, sind wir meistens erst mal vorsichtig.

Manchmal sind wir auch etwas verunsichert oder ängstlich. Wir beobachten genau, ob alles in Ordnung ist oder ob irgendwo eine Gefahr lauert.

Die Angst lässt uns besonders aufmerksam sein und hilft uns, alles abzuchecken und einzuschätzen. Alle Sinne werden durch die Angst geschärft, sodass wir schnell alle Informationen unserer Umgebung aufnehmen und analysieren können. Wenn es dann nach Auswertung aller Infos keinen Hinweis auf Gefahr gibt, zieht sich die Angst wieder zurück. Aber wie gut, dass sie uns erst mal vorsichtig sein lässt! Wenn die Angst so stark wird, dass sie in Panik übergeht, dann funktioniert dieses bewusste Gegenregulieren allerdings nicht mehr.

Wenn Gefühle zu stark werden, kann niemand mehr mit dem Verstand gegenhalten. Dann braucht es starke Reize von außen, um sich abzulenken, oder bestimmte Atemübungen (siehe z.B. Seite 73 und Seite 83). Mit dem Kopf geht dann nichts mehr so richtig.

Und es gibt noch etwas, was uns unsere Gefühle ermöglichen: Egal, aus welchem Kulturraum wir kommen – wir können bei allen Menschen erkennen, welches Gefühl sie haben. Ganz ohne Worte! Das ist auch ein Grund, warum wir überhaupt Gefühle haben: Sie sagen vermittelt durch den Gesichtsausdruck oder die Körperhaltung, was gerade los ist. Zum Beispiel löst ein weinendes Kind bei vielen Menschen automatisch den Wunsch aus, zu trösten. Wir erkennen allein am Gesichtsausdruck, welches Gefühl das Kind hat – in diesem Fall Traurigkeit –, und verhalten uns dementsprechend. Ganz ohne dass eine Erklärung notwendig ist. Das ist schon sehr praktisch.

NOCH MAL IN KURZ

Wir haben Gefühle, damit sie uns motivieren, uns schützen und uns befähigen, mit anderen Menschen zu kommunizieren.

Weil alle Menschen Emotionen haben, ist dazu viel geforscht worden. Die meisten Experten gehen davon aus, dass es eigentlich nur sieben Emotionen gibt. Zu diesen Grundgefühlen – oder auch Basisemotionen genannt – zählen Freude, Wut, Angst, Trauer, Ekel, Liebe und Scham.

Diese Grundgefühle sind auf der ganzen Welt gleich. Wenn jemand am anderen Ende der Welt Wut erlebt, dann passiert im Körper, im Kopf und vor allem in Gesichtsausdruck und Körperhaltung genau das Gleiche wie bei dir, wenn du wütend bist.

Wenn wir nur kurz überlegen, fallen uns neben den Basisemotionen noch mindestens zehn weitere Gefühle ein. Das liegt daran, dass wir Grundgefühle gleichzeitig empfinden können und sie sich zu sogenannten Mischgefühlen verbinden. So ähnlich, wie man mit den drei Grundfarben Rot, Blau und Gelb sehr viele verschiedene Farbtöne mischen kann. Diese Vielfalt macht einerseits die Lebendigkeit und Abwechslung unseres Alltags aus, kann andererseits aber auch das auslösen, was wir als Gefühlschaos kennen. Bei den Farben ist das ebenfalls ähnlich: Werden zu viele zusammengemischt, ergibt das einfach nur noch ein dunkles Gemisch.

Im zweiten Kapitel gehen wir die Grundgefühle einzeln durch und erklären den Umgang damit. Und ein paar der häufigsten Mischgefühle schauen wir uns auch an.

JETZT DU Versuch mal, alle Gefühle, die du kennst, aufzuschreiben, um dir selbst einen Überblick über die Vielfalt deines Gefühlslebens zu verschaffen. Kannst du erkennen, welche Gefühle Mischungen aus den Grundgefühlen sein könnten? Und welche Grundgefühle da zusammengekommen sind?

WAS GENAU IST EINE EMOTION?

Genau zu beschreiben, was eine Emotion ist, ist nicht ganz leicht. Aber auch damit haben sich zum Glück schon kluge Köpfe beschäftigt und folgende Beschreibung bzw. Definition geliefert. Demnach setzt sich jedes Gefühl aus drei Dingen zusammen:

- typischen Gedanken (»Kopf«),
- typischen Veränderungen in deiner Wahrnehmung und deinem Körper (»Herz«),
- mindestens einem typischen Vorschlag, was du am besten jetzt tun solltest. Das nennt man auch Handlungsimpuls (»Wegweiser«).

Die drei sind nicht voneinander zu trennen und treten immer gemeinsam auf. Wenn ein Gefühl ein Gefäß wäre, dann wären darin immer diese drei Komponenten zu finden: Gedanke, Körperreaktion und Handlungsimpuls. Je nach Gefühl in ganz eigener Mischung. Der Handlungsimpuls ist so ähnlich wie ein Navigationsprogramm oder ein Wegweiser. Er ist Teil der Emotion und unserer Instinkte und wirklich sehr simpel gestrickt. Er schlägt dir nur die Richtung für dein Verhalten vor, die aus Sicht des Gefühls am meisten Sinn macht. Dein Körper und Kopf helfen durch entsprechende Veränderungen mit, diesen Handlungsimpuls gut umzusetzen.

Ein Beispiel: Du bist total verliebt. Also hast du das Gefühl »Liebe«.

Kopf: Typische Gedanken bei diesem Gefühl: »Ich will immer bei ihm sein!« oder »Diese Augen! Dieses Lächeln! Ich kann an nichts anderes denken!«.

Herz: Typische Veränderungen in deinem Körper können sein: Herzklopfen, Kribbeln im Bauch, kaum Appetit, ständiges Lächeln, Wohlgefühl im Bauch, Schlaflosigkeit, Unruhe.

Wegweiser: Der Handlungsimpuls ist eindeutig: »Geh zu ihm! Alles andere ist egal! Sei bei ihm!«

Das alles führt dazu, dass du den Kontakt suchst, dich bemühst und von deiner besten Seite zeigst. Dein Gefühl »Liebe« lässt dich überzeugt sein: Diese Person ist was Besonderes und du möchtest sie an deiner Seite haben. Also streng dich an!

Jede Emotion beeinflusst die Gedanken und die Körperreaktionen so, dass alles für die ihr entsprechende Handlung vorbereitet ist. Man könnte also auch sagen: Die Liebe färbt die Brillengläser rosarot und lässt uns Dinge tun, die nicht vom Verstand gesteuert sind.

Wir alle haben schon mal etwas Verrücktes oder Unvernünftiges gemacht, als wir verliebt waren. Denn der Handlungsimpuls ist Teil des Gefühls und verhält sich in diesem Sinne. Er ist nicht immer automatisch vernünftig oder sinnvoll. Er ist halt Teil des Gefühls, und ein Gefühl ist letztendlich immer das Ergebnis der subjektiven Einschätzung der Situation. Das muss nicht der Realität entsprechen.

NOCH MAL IN KURZ

Ein Gefühl setzt sich zusammen aus Kopf, Herz und einem Wegweiser, der eine bestimmte Richtung vorschlägt. Und auch wenn es sich manchmal so anfühlt – du bist deinem Gefühl nicht hilflos ausgeliefert. Du kannst letztendlich immer noch entscheiden, ob du etwas anderes machst, als dem vorgeschlagenen Weg zu folgen. Du entscheidest!

Kopf: Zu jedem Gefühl gibt es passende Gedanken. Wenn wir uns freuen, gehen uns andere Dinge durch den Kopf als wenn wir traurig sind. Und Gefühls-Gedanken können sich potenzieren. So kann der erste Freude-Gedanke den nächsten Freude-Gedanken anstoßen. Das funktioniert leider auch bei weniger angenehmen Emotionen. Unser Kopf füttert das Gefühl immer weiter.

Dadurch kann ein Gefühl sehr stark werden, wir steigern uns sozusagen richtig ins

Gefühl rein. Vielleicht kennst du das vom Wütendsein: Du ärgerst dich über irgendwas, dann kommt noch etwas dazu, und auf einmal fallen dir all die Dinge ein, die dich auch schon länger stören. So füttert sich die Wut selbst!

Die Gedanken können aber auch helfen, dem Gefühl Kontra zu geben – das können Herz und Wegweiser nämlich nicht! Dein Kopf kann die beiden quasi beruhigen. Vielleicht kennst du das von einer Situation, in der du Angst hast: Wenn du eine schwere Prüfung vor dir hast, dann denkst du – passend zur Angst – oft erst mal nur an die Dinge, die passieren könnten: »Ich vergesse alles!«, »Ich habe nicht genug gelernt!«, »Wenn ich das nicht schaffe, kann ich meine Noten gleich vergessen!« und so weiter und so fort. Die Angst füttert sich selbst.

Aber manchmal springt dann der Kopf um und es gelingt ihm, die ängstlichen Gedanken zurückzudrängen und Gründe zu finden, die gegen die Angst sprechen: »Ich hab doch schon die letzte Klausur gut hinbekommen«, »Zur Not kann ich das bestimmt durch einen zweiten Test oder ein Referat ausbügeln«, »Eigentlich kann ich den Stoff doch«.

Der Kopf ist also dazu in der Lage, unser Gefühl zu verstärken oder auch zu beruhigen!

TRINE: *Das mit dem »Gefühl füttert sich selbst« kenne ich. Die Gedanken, vor allem oftmals die unangenehmen Gedanken, vermehren sich rasend schnell und das Gefühl wird immer intensiver. Dadurch wird es immer schwieriger für mich, es auszuhalten, abzuschwächen oder mich abzulenken. Auch wenn es stimmt, dass sich die Gedanken schnell in die Gefühle hineinsteigern, macht es mich oft wütend, wenn jemand zu mir sagt, dass ich mich da ja extra reinsteigere. Das erlebe ich als Vorwurf oder Unterstellung. Ich mache das nicht mit Absicht, ich leide da sehr drunter. Die Sprüche mit dem Reinsteigern empfinde ich als sehr kränkend und oft verstärkt das die heftigen Gefühle noch.*

Herz: Jedes Gefühl bringt auch Veränderungen in deinem Körper mit sich. Unser Körper verfügt über ein System, das uns aktivieren, aber auch wieder runterfahren kann. Man nennt das aktivierende System den Sympathikus und das beruhigende System den Parasympathikus.

Je nachdem, welches Gefühl wir haben, wird der Körper eher aktiviert oder gebremst. Die Muskeln spannen sich an oder entspannen sich. Das Herz schlägt schneller oder langsamer, wir atmen kurz und flach oder tief und lang. Wir schwitzen oder zittern. Oder wir haben auf einmal einen Kloß im Hals oder ein Kribbeln in den Armen und

Beinen. Die Augen werden zum Teil bei Gefühlen ganz weit aufgemacht (z.B. bei Angst), oder wir kneifen sie zu, um unseren Feind besser fixieren zu können (z.B. bei Wut). Wir bauen uns vor jemandem auf und ballen die Fäuste, oder wir gucken zu Boden und machen uns ganz klein … all das sind Reaktionen unseres Körpers, um die Gefühle zu zeigen oder das Verhalten vorzubereiten, welches der Wegweiser dann umsetzen will.

Wegweiser: Es gibt nur drei Richtungen, in die unser »Gefühlswegweiser«, also unser Handlungsimpuls, uns leiten kann. Das zeigt, wie archaisch und zum Teil unflexibel unsere Gefühle eigentlich sind und dass wir uns darin nicht groß von den Säugetieren unterscheiden. Der Wegweiser ist ähnlich einem Instinkt.

Was uns aber grundlegend von den Tieren unterscheidet, die normalerweise einfach ihrem Wegweiser folgen, ist unser Kopf. Der kann uns raten, dem Wegweiser nicht zu folgen oder ihn wenigstens zu überprüfen.

Die drei Richtungen, in die unser Wegweiser einen Handlungsimpuls ausführen kann, sind:

Angriff Unser Wegweiser kann uns raten, uns zu wehren, anzugreifen, andere zu kritisieren, uns laut und offen zu äußern. Ob körperlich oder mit Worten – das alles ist Angriff. Die Richtung lautet: Vorwärts!

Flucht Unser Wegweiser kann uns raten, abzuhauen, uns zu verstecken, uns zurückzuziehen oder uns klein zu machen. Das alles zählt zur Flucht, und die Richtung lautet: Zurück!

Erstarren Unser Wegweiser kann uns auch raten, gar nichts zu tun, einfach auszuhalten, stehen zu bleiben oder auch wirklich buchstäblich einzufrieren. Das alles gehört zum Erstarren, und die Richtung lautet: Stopp!

NOCH MAL IN KURZ Der »Kopf« kann Gefühle kommentieren, entweder mit passenden Kommentaren, die das Gefühl verstärken, oder mit gegensätzlichen Kommentaren, um es abzuschwächen. Mit »Herz« meinen wir die körperlichen Reaktionen, die mit einem Gefühl einhergehen und je nach Gefühl sehr unterschiedlich sein können. Der Wegweiser gibt zusätzlich einen von drei Handlungsvorschlägen dazu: »Vorwärts!«, »Zurück!« oder »Bleiben!«.

Jetzt weißt du, dass es Grundgefühle gibt, und kennst alles, was zu einem Gefühl dazugehört. Wichtig dabei ist noch, dass ein Grundgefühl nicht immer gleich stark ist und je nach Stärke auch anders genannt wird. So unterscheiden wir zum Beispiel zwischen mulmigem Gefühl und starker Panik. Beide gehen aber auf dasselbe Grundgefühl zurück und sind Abstufungen von Angst. Das mulmige Gefühl ist eine sehr geringe Angst und Panik die stärkste Form davon. So ergibt sich die Vielfalt unserer Gefühle nicht nur durch die Mischungen der Grundgefühle, sondern auch durch ihre unterschiedlichen Stärken. Je stärker ein Gefühl ist, umso schwerer wird es, es zu erkennen und zu kontrollieren.

MIT EMOTIONEN UMGEHEN KÖNNEN

Mit Emotionen umzugehen fällt den meisten Menschen schwer. Das ist auch eine komplizierte Sache: Der Kopf sagt dies, der Körper das, und dann haben wir im Prinzip nur drei Möglichkeiten, etwas zu tun: Flucht, Angriff, Erstarren.

Ein großes Problem von Gefühlen ist, dass sie meist zu kurz greifen. Sie geben uns zwar zu verstehen, was genau in diesem Moment aus ihnen heraus Sinn machen würde, können aber die langfristigen Folgen nicht mit einbeziehen. Wenn wir jedes Mal, wenn wir uns über jemanden ärgern, demjenigen eine reinhauen würden, dann würden wir schnell keine Freunde mehr haben. Wir könnten dann zwar sagen: »Hey, ich habe halt auf mein Gefühl gehört und jetzt geht es mir besser«, aber wir schaden uns oder anderen in diesem Fall sehr stark.

Gefühle sind ein bisschen so wie Musik. Sie begleiten unser Leben und spielen jeweils die passenden oder manchmal auch unpassenden Lieder. Wenn wir uns freuen, dann spielt die Freude den Song: »Alles ist großartig, ich fühle mich lebendig, ich will allen davon erzählen!«

Wenn wir traurig sind, spielt die Trauer den Song: »Warum passiert mir das? Es wird nie wieder schön werden ... Lasst mich alle in Ruhe!«

Wenn der Gefühlssong zu laut ist, wird es schnell anstrengend mit dem Gefühl, und wir würden die Musik dann gern leiser stellen.

Wenn wir gerade kaum etwas fühlen, dann wünschen wir uns vielleicht, dass wir irgendwie einen Gefühlssong anmachen oder das Gefühl lauter stellen könnten.

Eigentlich ist das Regulieren von Gefühlen so ähnlich, wie die Musik leiser oder lauter zu stellen, den Song zu wechseln oder zu bestimmen, was gespielt wird. Manchmal wird die »Gefühlsmusik« von unserer Umgebung oder anderen Menschen ausgesucht. Wenn sich uns gegenüber jemand blöd verhält, dann stellt sich automatisch der Song für Wut oder Enttäuschung an. Auch wenn vorher vielleicht der Song für Freude bei uns lief.

Gefühle (oder Songs) können schnell wechseln – je nachdem, was in uns oder um uns herum passiert. Je lauter Gefühle werden, umso schneller wollen wir sie leiser stellen, denn irgendwann tun sie uns weh. Werden sie richtig schmerzhaft, wollen wir sie am liebsten ganz abschalten. Aber das geht nur mit Musik – nicht mit Gefühlen. Die sind immer irgendwie da.

Wenn wir uns mal sehr leer fühlen und gefühlsmäßig gar keine Musik mehr läuft, dann fühlen wir uns mit dieser Leere oft sehr schlecht. Wenn wir aber in der Lage sind, Einfluss auf die Stärke unserer Gefühle zu nehmen, dann haben wir gelernt, unsere Gefühle zu regulieren.

Wie du Profi werden kannst im Umgang mit dem Lautstärkeregler für deine Gefühle, lernst du im zweiten Kapitel.

PROBLEME IM UMGANG MIT GEFÜHLSCHAOS

Manche Menschen erleben Dinge, die es ihnen sehr schwer machen, mit ihren Gefühlen überhaupt klarzukommen. Oder sie wachsen in einer Umgebung auf, in der sie kaum lernen, mit ihren Gefühlen umzugehen. Mit Gefühlen umgehen zu können bedeutet, sie erkennen zu können und dann gezielt dem Gefühl Raum zu geben oder das Gefühl abzuschwächen, es also auch zeigen zu dürfen oder zu können. So behalten wir normalerweise die Kontrolle über unsere lebendige Gefühlswelt.

Was aber ist, wenn wir nicht in der Lage sind, Einfluss auf die Stärke unserer Gefühle zu nehmen, und unsere Gefühle nicht zu regulieren gelernt haben? Dann entsteht schnell ein ziemlich großes Chaos – Gefühlschaos! Die starken Gefühle lösen dann Stress aus, weil wir nicht wissen, was wir mit ihnen anfangen sollen, und das kann langfristig zu Problemen führen. In diesem Fall spricht man von Emotionsregulationsstörungen.

Es heißt »Störung«, weil etwas nicht so gut funktioniert und dadurch das Leben schwieriger wird. Bei Menschen mit einer Emotionsregulationsstörung funktioniert also sozusagen der Lautstärkeregler für die Gefühle nicht richtig oder jedenfalls anders als bei anderen. Es kann auch sein, dass jemand – warum auch immer – nicht gelernt hat, den Regler zu benutzen.

Auch wenn die meisten Menschen Emotionen häufig herausfordernd und anstrengend finden, heißt das aber nicht, dass sie alle eine Emotionsregulationsstörung haben. Um für eine solche Störung tatsächlich anfällig zu sein, müssen zwei Faktoren zusammenkommen: ein angeborener Anteil und ein Erfahrungsanteil.

Angeborener Anteil Alle Menschen werden mit einem Temperament geboren. Es gibt viele Menschen, die schon von Geburt an eher sensibel, offener für alles um sie herum und schneller irritierbar sind als andere. Diese Form des Temperaments nennt sich »emotionale Verletzlichkeit«, und das ist nichts Krankes. Typisch für dieses Temperament ist es, dass Gefühle schneller ausgelöst und intensiver erlebt werden und auch länger brauchen, um wieder runterzufahren.

Wie unterschiedlich Menschen sind, wenn es um die Stärke ihrer Gefühle geht, kann man schon bei Kindern gut sehen. Einige weinen stundenlang und sind sehr traurig und bewegt, wenn sie zum Beispiel einen traurigen Film gucken, andere sind nur kurz betroffen und haben sich schnell wieder gefangen.

So ein Gefühlsmensch zu sein, der stark fühlt, ist aber nicht unbedingt ein Nachteil. Emotional verletzliche Menschen sind oft sehr kreativ, fantasievoll, lebendig und neugierig und können sich gut in andere hineinversetzen. Somit geht emotionale Verletzlichkeit oft mit positiven Eigenschaften einher. Manchmal kann diese emotionale Verletzlichkeit aber eben auch zu Schwierigkeiten führen: weil die Gefühle einfach schneller da sind, stärker sind und länger bleiben. Dadurch machen sie das Leben sehr intensiv und lebendig – aber auch oft sehr anstrengend. Wenn du jemand mit großer emotionaler Verletzlichkeit bist, dann ist es umso wichtiger für dich, mit deinen starken Gefühlen umgehen zu lernen. Emotional verletzlich zu sein, also sehr intensiv zu fühlen, heißt aber nicht, dass man eine Emotionsregulationsstörung hat. Davon spricht man erst, wenn noch ein zweiter Faktor hinzukommt.

JETZT DU Nimm dir kurz Zeit zu überlegen, ob du dich als sensibel und emotional verletzlich erlebst oder eher nicht. Wie stark sind deine Gefühle, wenn du einen traurigen Film schaust oder dir jemand eine Verabredung absagt, auf die du dich sehr gefreut hast? Brauchst du länger als andere, um aus deinen Gefühlen wieder herauszukommen? Frag auch gern mal deine Eltern oder Freundinnen und Freunde, wie sie dich einschätzen oder auch sich selbst erleben. Du wirst merken, dass wir alle sehr unterschiedlich im Erleben von Gefühlen sind. Das ist unser Temperament. Mit dem Temperament ist die sehr individuelle Art und Weise gemeint, für Emotionen empfänglich zu sein.

Erfahrungsanteil Erst wenn zu der emotionalen Verletzlichkeit sogenannte schädigende Erfahrungen hinzukommen, kann sich eine Emotionsregulationsstörung entwickeln. Das kann in einem Umfeld passieren, das mit der emotional verletzlichen Person nicht rücksichtsvoll und verständnisvoll genug umgeht. Das kann in der Familie oder auch bei anderen wichtigen Bezugspersonen (Freunde, Mitschüler usw.) passieren.

Wenn wir von anderen abgewertet, nicht ernst genommen werden, unsere Gefühle ins Lächerliche gezogen werden oder man sich über uns lustig macht, dann haben wir das Gefühl, falsch zu sein.

Wenn immer wieder respektlos oder ablehnend mit uns umgegangen und uns vermittelt wird, dass wir spinnen oder uns anstellen, dann glauben wir mit der Zeit, dass unser Verhalten oder unsere Gefühle nicht normal sind. Auf Dauer ist das sehr verletzend und führt dazu, dass wir uns zurückziehen und uns und unsere Gefühle nicht gerne zeigen.

TRINE: *Das kenne ich. Schon als Kind war ich emotional verletzlicher als meine Mitschüler und Freunde und hatte sehr starke Gefühle, die schnell wechselten. Zum Beispiel habe ich mich schneller als andere aufgeregt und war länger aufgewühlt wegen Dingen, die andere gar nicht so wichtig genommen haben. Weil ich trotzdem Freunde hatte und in der Schule gut mitkam, fiel das nicht so auf. Schwierig wurde es ab der fünften Klasse, als ich in der Schule nicht mehr mitkam und von Mitschülern gemobbt wurde. Weil ich sehr verletzt darauf reagiert habe, hat sich die Situation noch verschlimmert.*

Wir alle verhalten uns manchmal gemein oder erleben auch mal Respektlosigkeit oder Ablehnung durch andere. Einzelne respektlose Reaktionen führen nicht dazu, dass jemand eine Emotionsregulationsstörung entwickelt. Aber wenn die Abwertung der eigenen Gefühle über einen längeren Zeitraum oder regelmäßig erfolgt, wird es wahrscheinlicher, dass wir uns auch selbst irgendwann für unsere Gefühle abwerten. So nimmt unser Gefühlsleben nach und nach Schaden. Je wichtiger die Personen für uns sind, die mit uns rücksichtslos umgehen, desto schlimmer ist das für uns. So sammeln sich immer mehr schlechte Erfahrungen an, und das hat natürlich Einfluss darauf, wie wir mit uns selbst umgehen und wie rücksichtsvoll wir uns und unseren eigenen Gefühlen gegenüber sind.

Weder die emotionale Verletzlichkeit noch die schlechten Erfahrungen führen unabhängig voneinander zur Entwicklung einer Emotionsregulationsstörung. Wenn diese beiden Faktoren zusammenkommen, kann das aber passieren.

Wenn ein Kind sehr oft hört, dass es zu laut oder zu empfindlich ist (»Das ist doch kein Grund zum Heulen!«), entwickelt es mit der Zeit ein Grundgefühl, dass mit ihm irgendwas nicht stimmt.

Das kann auch passieren, wenn manche Gefühle vom Umfeld verboten werden, wie zum Beispiel Traurigkeit (»Jungs weinen nicht!«) oder Wut (»Sei ein braves Mädchen!«).

Ein Kind mit einem emotional verletzlichen Temperament mit seinen starken und schwer aushaltbaren Gefühlen lernt dann nicht, wie es seine Gefühle ernst nehmen kann oder wie es mit ihnen umgehen soll. Es lernt vielmehr, dass seine Gefühle anscheinend falsch sind und es sich falsch verhält. Und weil das Kind dazugehören möchte – wie jeder Mensch –, übt es immer wieder, seine »falschen« Gefühle zu unterdrücken und nicht zu zeigen. Und es lernt, bei den anderen genau zu beobachten, welche Gefühle in welcher Stärke okay sind, und passt sich dem an. Das ist ein riesiger Kraftaufwand, weil die Gefühle bei Menschen mit emotionaler Verletzlichkeit doch so extrem schnell auftauchen, so intensiv sind und nur so langsam wieder runterfahren!

Je emotional verletzlicher jemand ist, desto weniger Abwertungen braucht es vermutlich, damit sich eine Emotionsregulationsstörung entwickelt. Oder andersherum: Wenn jemand sehr viele Ablehnungen oder sogar Traumatisierungen erlebt, kann sich auch bei einer geringen emotionalen Verletzlichkeit eine Störung der Emotionsregulation einstellen.

Emotionale Verletzlichkeit + Abwertende Erfahrungen

Emotionsregulationsstörung

NOCH MAL IN KURZ Eine Störung der Emotionsregulation kann entstehen, wenn emotionale Verletzlichkeit und lang andauernde Erfahrungen von Ablehnung zusammenkommen.

DIE EMOTIONSREGULATIONSSTÖRUNG UND IHRE BEGLEITER

Emotional verletzliche Menschen, die aufgrund ihrer Erfahrungen lernen, ihre Gefühle nicht ernst zu nehmen oder sie sogar als lästig oder falsch erleben, können eine Störung der Emotionsregulation entwickeln. Das bedeutet in den meisten Fällen, dass sie ihre Gefühle über lange Zeit unterdrückt haben, um sich an ihre Umwelt anzupassen. Dadurch verlernen sie, ihre Gefühle überhaupt wahrzunehmen – sie wissen irgendwann gar nicht mehr genau, was sie fühlen.

Wenn dann doch mal ein Gefühl da ist, wissen sie oft nicht, wie sie damit umgehen sollen, weil sie es nicht gelernt haben. Oft besteht eine sehr große Angst davor, Gefühle überhaupt zu haben oder zu zeigen. Das führt dazu, dass die Gefühle möglichst schnell wieder weggedrückt werden. Ein solcher Umgang mit den eigenen Gefühlen bleibt langfristig leider nicht ohne problematische Folgen. Einige stellen wir hier vor.

INNERE LEERE

Menschen mit Emotionsregulationsstörung erleben manchmal eine innere Leere, weil sie ihre Gefühle so gut »wegmachen« können. Wenn man Gefühle sehr lange wegdrückt, weil man nicht gelernt hat, mit ihnen umzugehen, oder weil man Angst hat, sie zu zeigen, dann kann sich eine Art Abwesenheit von Gefühlen einstellen.

Manchmal kann das für eine kurze Zeit angenehm sein, aber auf Dauer fühlt sich durch die innere Leere alles grau und leblos an. Denn was ist das Leben ohne Gefühl? Ein bisschen ist es wie ein Bild in Schwarz-Weiß oder wie Tanzen ohne Musik. Wir alle können Gefühle eine Zeit lang unterdrücken. Das ist grundsätzlich auch von Vorteil, um nicht in jeder Situation sofort mit unseren Gefühlen herauszuplatzen. Zum Problem wird das erst, wenn die Leere nicht mehr verschwindet und sich das Leben dauerhaft langweilig anfühlt. So als hätten wir unsere Gefühle in einen Schrank eingeschlossen und würden den Schlüssel nicht mehr wiederfinden.

Innere Leere kann also entstehen, wenn wir uns mit unseren Gefühlen überfordert fühlen. Und sollten dann doch Gefühle auftauchen bzw. durchdringen, kommen sie oft ganz plötzlich in extremer Stärke und lassen sich dann nur schwer kontrollieren.

Was wir dagegen machen können, besprechen wir im zweiten Kapitel.

TRINE: *Die innere Leere fühlt sich für mich wie ein schwarzes Loch an, in das die Gefühle hineingesogen werden. Wenn Gefühle zu stark sind, wünsche ich mir, nichts zu fühlen. Doch die innere Leere ist kein Gefühl oder Zustand von Ausgeglichenheit, sondern fühlt sich sehr quälend, schwer, grau und leer an. Dann wünsche ich mir, doch wieder etwas zu fühlen, selbst wenn es unangenehm und schmerzhaft ist. Entweder fühle ich zu doll oder gar nichts. Das ist extrem anstrengend.*

ANSPANNUNG UND IMPULSIVITÄT

Wenn wir Gefühle unterdrücken oder versuchen, sie zu ignorieren, werden sie immer stärker, und irgendwann kriegen wir sie nicht mehr weggedrückt. Oft sind die Gefühle dann aber schon so stark, dass wir sie gar nicht mehr einordnen, wir keinen klaren Gedanken mehr fassen können und es sich anfühlt wie Chaos im Kopf oder Gedankenrasen.

Manche beschreiben dieses Chaos wie einen inneren Sturm, der immer schneller wird und Druck aufbaut. Das sind dann Momente starker Anspannung, die sich unaushaltbar anfühlen.

Jeder Mensch kann in diesen Zustand geraten – Menschen mit Emotionsregulationsstörung geraten aber sehr viel öfter in solche Anspannungsstrudel hinein. Teil dieses sehr unangenehmen Zustands mit hoher Anspannung ist der nachvollziehbare Wunsch, diesen Zustand möglichst schnell wieder zu beenden. Daraus entsteht dann oft impulsives Verhalten, sozusagen als Lösungsversuch.

Mit Impulsivität ist gemeint, dass wir einfach etwas tun, ohne darüber nachzudenken, wie die Folgen sein werden. Erst danach wird uns meist schnell klar, was wir gemacht haben, und wir bereuen es. Das klingt erst mal nicht sonderlich praktisch oder sinnvoll. Also, warum machen wir Menschen es dann so?

Je unangenehmer eine Situation ist, umso schneller wollen wir sie verlassen. Und je unangenehmer ein Gefühl ist, umso schneller wollen wir es verändern. Wenn ein Gefühl aufkommt, können wir uns einerseits Zeit nehmen, es zu verstehen, um dann in Ruhe so zu handeln, wie es sinnvoll ist. Das wäre ein »unimpulsiver« Umgang. Andererseits gibt es eben auch Situationen, in denen wir einen unimpulsiven Umgang nicht mehr gut hinbekommen. Je angespannter wir sind und je unangenehmer sich etwas anfühlt, umso impulsiver, also schneller, wollen wir handeln, damit dieser Zustand aufhört.

Um das zu verstehen, müssen wir noch mal auf den Urmenschen zurückkommen. Er hat in einer Umgebung gelebt, die sehr gefährlich war. Es gab viele wilde Tiere oder Menschen anderer Clans oder Stämme, die jederzeit angreifen konnten. Stell dir vor, du schlenderst durch den Urwald, und plötzlich springt eine fremde Person mit einem Speer auf dich zu.

Gefahr! Sofort wird Angst ausgelöst, denn schließlich könnte die Person dich töten. Die Anspannung steigt extrem schnell an, dein Körper stellt sich aufs Weglaufen ein. Und würdest du dann durch den Speer verletzt werden, würdest du den Schmerz kaum spüren. Das liegt daran, dass dein Körper Stresshormone wie zum Beispiel Adrenalin ausschüttet, die dich und deinen Körper auf Kampf- oder Flucht-Modus stellen. Deshalb schaffst du es, das zu tun, was in dieser Situation dein Überleben sichert: zu rennen, dich tot zu stellen oder dich zu wehren.

Und auch wenn du dich wehrst, also in den Kampf gehst, wirst du kaum etwas spüren. Du wirst einfach nur handeln, solange es notwendig ist. Dein Denken ist ausgeschaltet – das würde in so einem Moment ja auch nur stören! Das passiert alles durch unser Nervensystem und unseren Körper mit seinen verschiedenen Botenstoffen.

Auch wenn wir heute nicht mehr auf wilde Tiere und Urmenschen mit Speeren treffen, ist unser Alarmsystem immer noch dasselbe. Egal, ob du angegriffen wirst, du dich in einer anderen gefährlichen Situation befindest, zum Beispiel über einem Abgrund baumelst, oder von einem Gefühl überwältigt wirst, das für dich unaushaltbar ist – dein Körper will dir helfen. Er merkt anhand der Anspannung, dass irgendwas absolut nicht in Ordnung ist, und will es dir ermöglichen, in dieser extrem unangenehmen Lage schnell zu reagieren, um dich zu schützen. Er löst den Alarmzustand aus. Das führt dazu, dass wir schmerzunempfindlicher werden und nicht mehr groß nachdenken. In Notsituationen brauchen wir unser komplexes Denken nicht. Es würde zu viel Zeit kosten, alles zu durchdenken und alle Eventualitäten zu berücksichtigen – ob es wirklich sinnvoll ist, wegzurennen, oder ob nicht ausgerechnet dieser Urmensch einer von der friedlichen Sorte ist und unser Freund werden könnte.

Wir müssen schnell handeln können und tun das, was in diesem Moment nötig erscheint, um unser Überleben zu sichern. Wir tun also nicht unbedingt das, was langfristig sinnvoll wäre, sondern nur für diesen Moment. Denn wenn wir den nicht überleben, ist es ja auch egal, was in einem Jahr ist, oder? Dieses sogenannte impulsive Verhalten hilft uns kurzfristig; langfristig aber schadet es uns meistens. Menschen mit einer Emotionsregulationsstörung geraten wegen ihrer starken Gefühle sehr viel häufiger in einen Alarmzustand.

TRINE: *Diese starken Anspannungszustände kenne ich sehr gut. Eine lange Zeit stand ich permanent kurz vor dem Durchdrehen. Da in so hoher Anspannung der Verstand oft aussetzt, weil das wahnsinnige Gefühl im Vordergrund steht, hatte ich einen starken Handlungsdrang. Dann habe ich mich oft durch impulsive Handlungen selbst geschädigt – durch Essattacken, Schneiden, irgendwo Gegenschlagen, Hautaufkratzen oder anderes Risikoverhalten, wie über die Straße laufen, ohne auf den Verkehr zu achten. Durch viel Übung gelingt es mir mittlerweile, seltener in diesen extremen Zustand zu geraten und ihn ohne Selbstschädigung zu überstehen. Dafür brauche ich Achtsamkeit und vor allem Ablenkung in hoher Anspannung. Außerdem nehme ich mir täglich Zeit, um wahrzunehmen, welches Gefühl ich gerade habe, und versuche, es zu fühlen, damit es sich nicht aufstaut.*

Auch Langeweile kann sich ähnlich wie innere Leere schnell sehr unangenehm anfühlen und dazu führen, dass man Dinge tut, um etwas zu erleben oder sich wieder zu spüren. Der Kopf schlägt dir dann etwas vor, was bisher meistens geholfen hat, das anstrengende Gefühl loszuwerden, egal, ob das weitsichtig ist oder nicht – und zwar schnellstmöglich!

Fast jeder hat seine eigenen typischen impulsiven Verhaltensweisen, die er anwendet, wenn das Leben mal wieder sehr schwierig ist. Die einen trinken Alkohol oder rauchen einen Joint. Die anderen verletzen sich selbst, schreien andere an oder fangen Streit oder Schlägereien an. Oder oder oder ...

JETZT DU Im Downloadbereich* des Buches findest du das Arbeitsblatt 1 »Impulsives Verhalten«, auf dem wir alle impulsiven Verhaltensweisen gesammelt haben, die uns eingefallen sind. Welches sind deine impulsiven Verhaltensweisen?

NOCH MAL IN KURZ Wenn Gefühle beiseitegedrängt werden, weil sie sich bedrohlich, unangenehm oder nicht regulierbar anfühlen, kann sich stattdessen innere Leere einstellen. Wenn Gefühle zu stark sind, um beiseitegedrängt zu werden, entstehen Anspannungszustände. Starke Gefühle können zu impulsiven Handlungen führen, also sehr schnellen spontanen Taten, bei denen die langfristigen Konsequenzen nicht bedacht werden und die daher oft nur ganz kurzfristig sinnvoll sind.

SELBSTVERLETZENDES VERHALTEN

Eine Form impulsiven Verhaltens ist die Selbstschädigung oder Selbstverletzung. Auch hier gibt es viele verschiedene Arten.

Wie wir ja wissen, tun wir bei sehr hoher Anspannung oder bei viel Stress schnell etwas, was uns kurzfristig hilft. Manche verletzen sich dann selbst. Warum das so ist, erschließt sich erst auf den zweiten Blick.

* *Der Zugangscode zum Downloadmaterial lautet: impulsiv*

Ab einer gewissen Anspannung geht unser Körper in den Alarmzustand. Aus diesem möchte er schnell wieder rauskommen, weil er unangenehm ist und viel Kraft kostet. Eine Wunde an unserem Körper alarmiert uns: »Vorsicht! Du wirst angegriffen und bist verletzt!« Für den Körper macht es dabei keinen Unterschied, ob diese Wunde selbst verursacht oder durch einen Angriff oder Unfall entstanden ist. Logischerweise tut unser Körper aufgrund der jetzt bestehenden Gefahr vor weiteren Verletzungen alles, um das, was als Gefahr eingeordnet wird, zu beenden – damit wir nicht weiter verletzt werden oder vielleicht sterben. Dabei kopflos vorzugehen wäre gefährlich. Deshalb schüttet unser Körper bei Verletzungen automatisch Botenstoffe aus, die die Anspannung reduzieren, um uns wieder denk- und handlungsfähig zu machen.

Wenn der Auslöser des Alarmzustands ein Angriff ist, dann wirst du alles tun, um abzuhauen. Bist du schon mal gerannt, als du Panik hattest? Da warst du bestimmt so schnell wie sonst nie! Dabei helfen passende Botenstoffe wie Adrenalin. Oder bist du schon mal gestürzt und hast die Schmerzen erst gespürt, als du aus der bedrohlichen Situation raus warst? Die Schmerzen werden hier durch Botenstoffe wie Endorphine so lange wie möglich unterdrückt, damit du dich in Sicherheit bringen kannst.

Wenn nun der Auslöser des Alarms in uns selbst liegt, weil ein sehr starkes Gefühl oder Anspannung auftritt, die uns überfordern, dann wird der Körper dieses Gefühl und die Anspannung abschwächen wollen. Eine Verletzung von Körpergewebe setzt automatisch Endorphine frei, die schmerzlindernd und beruhigend wirken. Die Verletzung ist sozusagen der Startschuss dafür, dass in unserem Körper alles getan wird, damit es uns wieder besser geht. Das ist nichts Krankes, sondern ein Nothilfeprogramm unseres Körpers, wenn unser Leben bedroht sein könnte.

Selbstverletzungen werden zu einem größeren Problem, wenn sie sehr oft vorkommen, immer häufiger oder schwerer werden und wir die Kontrolle darüber verlieren. Auslöser sind oft die starken Gefühle und die Schwierigkeit, mit ihnen richtig umzugehen. Gefühle lassen sich aber durch Selbstschädigung nicht langfristig verdrängen oder verändern. Nach Selbstverletzungen kommen sogar oft noch weitere starke Gefühle dazu, wie zum Beispiel Scham. Es braucht also Emotionsregulationstechniken, damit die Selbstverletzung nicht mehr als schnelle Notlösung herhalten muss.

NOCH MAL IN KURZ Selbstschädigung wird von manchen Jugendlichen und Erwachsenen in starken Anspannungszuständen genutzt, um sich kurzfristig zu regulieren, also die Anspannung zu beenden. Das kann langfristig zu Problemen führen.

DISSOZIATION

Manchmal beendet unser Gehirn einen starken Anspannungszustand oder ein Gefühl, das wir unaushaltbar finden, auch mit einem uralten Trick. Je schrecklicher oder schmerzhafter eine Situation ist, umso besser ist es logischerweise, davon möglichst wenig mitzubekommen oder zu erinnern. Genau aus diesem Grund gibt es den Schutzmechanismus der Dissoziation. Das ist ein natürlicher Vorgang, der bei allen Menschen einsetzen kann, wenn sie sich in einer Ausnahmesituation befinden.

Unser Gehirn schaltet dann quasi unsere Sinne ab. Oder anders ausgedrückt, es verarbeitet die Sinneseindrücke nicht mehr: nichts mehr fühlen, nichts mehr hören, nichts mehr sehen, nichts mehr mitkriegen. Eigentlich sehr vorteilhaft, wenn uns etwas Schlimmes passiert. So sind wir, zumindest ein Stück weit, geschützt vor schlimmen Erinnerungen. Die Kehrseite davon ist, dass einem Erinnerungen fehlen können, was sich unangenehm anfühlen und dann wiederum Anspannung auslösen kann.

TRINE: *Wenn ich dissoziiere, fühlt es sich manchmal an, als seien Teile meines Körpers nicht mehr meine eigenen. Viele Menschen kennen die sogenannte Alltagsdissoziation. Die zeigt sich, wenn ich routinierte Handlungsabläufe automatisch ausführe, ohne es richtig zu merken, also beispielsweise, wenn ich mit dem Auto zur Arbeit fahre und ich mich beim Ankommen nicht mehr an die Fahrt erinnern kann. Ich kenne auch die Form der Dissoziation, wenn ich mich und das Geschehen aus einer anderen Perspektive betrachte, z.B. von oben.*

Dissoziation wird durch extrem hohe Anspannung ausgelöst, die wir aufbauen, wenn wir in einer Situation gefangen sind, die unsere körperliche oder seelische Gesundheit gefährdet. Aber es kann eben auch sein, dass das Wegdrücken von Gefühlen zu so starker Anspannung führt, dass Dissoziation einsetzt, um es uns erträglicher zu machen. Dissoziation ist genau wie die Gefühle grundsätzlich nichts Gefährliches, sie kann aber unangenehm werden, wenn sie ständig passiert und nicht mehr kontrollierbar ist.

NOCH MAL IN KURZ Dissoziation ist eine Art Selbstschutz des Gehirns. Dabei steigen wir in bestimmten Situationen »aus unserem Körper aus«, um nichts mehr wahrzunehmen. Das kann sich verselbstständigen, wenn wir oft in emotionalen Ausnahmezuständen sind.

SUIZIDALITÄT

Gefühle gehören zum Menschen dazu. Sie sind grundsätzlich hilfreich. Aber nicht, wenn wir nicht wissen, was wir mit ihnen machen sollen, oder wenn wir sie als falsch, bedrohlich und unaushaltbar erleben. Dann fühlen wir uns überwältigt oder panisch. Aber ein Leben ohne Gefühle gibt es nicht, sie sind immer irgendwie da. Wenn wir eine Emotionsregulationsstörung haben, erleben wir das Leben genau deshalb oft als sehr anstrengend und überfordernd. Uns ist alles zu viel. Das kann zu lebensmüden Gedanken führen, bei denen wir darüber nachdenken, unser Leben zu beenden. Das nennt man Suizidalität. Das ist keine Krankheit an sich, sondern ein Symptom, beispielsweise für die Hoffnungslosigkeit und Verzweiflung, die auftreten kann, wenn es sich nicht machbar anfühlt, die eigenen Gefühle auszuhalten oder zu verändern.

Wenn wir dann das Grundproblem angehen, in diesem Fall also lernen, mit den eigenen Gefühlen umzugehen, dann können auch die Suizidgedanken weniger werden. Suizidgedanken können bei vielen psychischen Ausnahmezuständen oder Erkrankungen auftreten.

Bei starken Suizidgedanken brauchen wir Hilfe, und die gibt es auch – egal zu welcher Tages- und Nachtzeit! (siehe auch unter »Hilfe in Krisen« auf Seite 134).

NOCH MAL IN KURZ Mit ständig wechselnden, sehr intensiven Gefühlen zu leben, ohne das Gefühl, mit ihnen umgehen zu können, kann zu Hoffnungslosigkeit und zu Gedanken führen, sich das Leben nehmen zu wollen.

STIMMUNGSSCHWANKUNGEN

Stimmung und Gefühl bezeichnen verschiedene Aspekte des Fühlens. Anders als Stimmungen haben Gefühle meist einen klaren Auslöser und sind kurzlebiger. Der Auslöser kann in uns selbst sein oder auch im Außen liegen, also außerhalb unseres Kopfes und Körpers. Ein Gedanke, eine Bemerkung oder eine Erinnerung können unser Gefühl beeinflussen. Deshalb verändern sich Gefühle manchmal schnell. Stimmungen bleiben oft länger bestehen und haben selten einen konkreten Auslöser. Gerade in der Pubertät gehören neben den alltäglich schnell wechselnden Gefühlen auch schnelle Stimmungsschwankungen dazu.

Wenn wir zusätzlich emotional verletzlich sind, empfinden wir diese Schwankungen natürlich stärker. Und je intensiver eine Stimmung oder ein Gefühl ist, umso schwerer fällt es uns, damit kontrolliert umzugehen. Wenn die starken Gefühle dann noch schnell wechseln und die Stimmung allgemein mies ist, kommen wir schnell an die Belastungsgrenze und reagieren einfach nur noch, anstatt aktiv zu handeln.

TRINE: *Das kenne ich gut und erlebe es als eine heftige Achterbahnfahrt, bei der es innerhalb von Sekunden zu starken Auf- und Abbewegungen mit Loopings, steilen Berg- und Talfahrten kommt und man durchgeschüttelt wird, bis ein klares Denken nicht mehr möglich ist.*
Zu meinen Schwankungen passt wirklich der Spruch: »Himmelhoch jauchzend – zu Tode betrübt.«
Auch wenn die Stimmungen manchmal länger anhalten können, ist es tatsächlich möglich, dass sich starke Gefühle mehrmals am Tag abwechseln und dabei so übermächtig erscheinen, dass ich mir nicht vorstellen kann, dass sie jemals wieder weggehen werden. In der einen Minute freue ich mich und lache über einen Witz, und in der nächsten fühle ich mich ungerecht behandelt und denke, dass mich niemand mag.
Oft habe ich meine Gefühle unterdrückt, und wenn ich sie dann doch gezeigt habe, kam es mir so vor, als würden sie total übersprudeln. Deshalb konnte und kann mein Umfeld meine Verhaltensweisen und starken Gefühlsausdrücke oft nur sehr schwer nachvollziehen. Häufig wird mir unterstellt, dass ich absichtlich dramatisiere, um im Mittelpunkt zu stehen. Es war und ist sehr schwierig, anderen zu erklären, dass diese starken Gefühle echt sind und die Auslöser von außen oft nicht erkennbar sind.

Die Stimmungsschwankungen tragen somit auch zur Impulsivität bei. Wenn du Stimmungsschwankungen kennst, dann kennst du sicherlich auch den Wunsch, die starken Gefühle wegzudrücken oder möglichst zu ignorieren. Wir können alle unsere Gefühle für eine bestimmte Zeit unterdrücken, wenn anderes wichtiger ist. Wenn wir das aber über einen längeren Zeitraum machen, geht uns irgendwann die Puste aus und die Gefühle überfluten uns.

NOCH MAL IN KURZ Stimmungsschwankungen sind in der Pubertät normal. Schwierigkeiten können sie machen, wenn sie zum Dauerzustand werden oder zu impulsivem Verhalten führen, das wir hinterher bereuen.

INSTABILE BEZIEHUNGEN UND VERLASSENSÄNGSTE

Wir alle wünschen uns feste Freundschaften und verlässliche Kontakte in unserem Leben. Vielleicht hast du einen festen Freund oder schon lange mehrere gute Freunde und Freundinnen, vielleicht kennst du aber auch schnell wechselnde Freundschaften, die zum Teil sehr intensiv sind und dann wieder auseinandergehen.

Wie wir unsere Beziehungen führen, hängt viel damit zusammen, welche Erfahrungen wir im Umgang mit anderen gemacht und welches Bild wir auch von uns selbst haben. Schlechte Erlebnisse im Kontakt mit anderen wirken sich auf unseren Selbstwert aus und haben einen sehr großen Einfluss auf die Art und Weise, wie wir Beziehungen führen. Wenn wir davon überzeugt sind, irgendwie anders zu sein als andere, oder uns minderwertig fühlen, dann ist es schwer, entspannt an eine neue Freundschaft oder sogar Beziehung heranzugehen. Wenn wir davon überzeugt sind, nicht so gut zu sein wie andere, dann denken wir natürlich auch, dass niemand mit uns befreundet sein möchte. Trotzdem wünschen wir uns natürlich – wie jeder Mensch – Menschen an unserer Seite, die uns lieben und unterstützen. Wenn wir dann jemanden kennenlernen, der Interesse an uns zeigt, dann denken wir schnell: »Oh! Diese Person muss ich behalten, denn so schnell finde ich niemand anderen, der mich mag. Ich kann froh sein, dass die Person sich überhaupt mit mir abgibt – so komisch wie ich bin.«

Wir stürzen uns dann in diese Beziehung, als wäre sie das Einzige auf der Welt, was zählt. Wir idealisieren die Person, die uns Aufmerksamkeit schenkt. Das bedeutet, dass wir die andere Person toller machen, als sie ist, Fehler und Schwächen ignorieren und sie gegen jede Kritik verteidigen. Das Problem dabei ist, dass kein Mensch auf der Welt perfekt ist, und deshalb fällt uns dann irgendwann auf, dass wir uns in der Person getäuscht haben. Wir haben aber immer noch Angst, verlassen zu werden, und halten einfach weiter durch, nehmen uns zurück, anstatt Dinge, die uns stören, anzusprechen und zu klären.

Oft kippt dann das Idealisieren irgendwann in das genaue Gegenteil, und wir finden die Person abscheulich, nervig und einfach nur doof. Manchmal ekeln wir uns auch, weil wir einfach nur wegwollen von dieser jetzt so furchtbaren Person und uns der Ekel dabei helfen will. Diese Person ist dann natürlich verwundert, und nicht selten brechen dadurch dann die Beziehungen komplett ab. Und wieder scheint sich damit der Gedanke zu bestätigen, den man über sich selbst hat: »Kein Mensch hält es mit mir aus, ich muss wirklich furchtbar sein.« Das wiederholt sich dann natürlich immer wieder, weil man beim nächsten Mal, wenn einem jemand Zuneigung zeigt, ja wieder denkt: »Oh, endlich interessiert sich jemand für mich, obwohl ich so komisch bin.« Und dann geht es wieder los. Und leider kommt dann höchstwahrscheinlich eine weitere Ablehnungserfahrung zu den ganzen anderen dazu, die wir schon erlebt haben.

Oft entwickelt sich bei einem geringen Selbstwert aufgrund von schlechten Erfahrungen auch die große Angst, allein zu sein. Das passt zu den instabilen Beziehungen. Wenn wir denken, dass wir nicht so viel wert sind wie andere, dann gehen wir davon aus, dass sich niemand mit uns abgeben möchte. Umso schwerer können wir uns dann vorstellen, dass überhaupt jemand bei uns bleibt, was sehr starke Angst vor dem Alleinsein auslöst. Und für emotional verletzliche Menschen ist das dann wiederum noch schwerer auszuhalten, weil die Gefühle – und somit auch die Angst – ja stärker sind als bei anderen. Wenn wir dann mal eine Person treffen, die wir mögen, dann wollen wir alles dafür tun, dass sie uns nie wieder verlässt, weil unsere Angst so groß ist, dass sie uns verlassen könnte.

Diese starke Angst, verlassen zu werden, kann dazu führen, dass wir uns dieser Person ganz anpassen und nicht mehr auf unsere Grenzen und Bedürfnisse achten. Vielleicht verstellen wir uns auch, weil wir Angst haben, dass wir, so wie wir sind, nicht gut genug sind. Dadurch lernt uns die Person dann natürlich gar nicht wirklich kennen. Vielleicht wird es ihr auch irgendwann langweilig, wenn wir alles tun, um zu gefallen, und gar keine Ecken und Kanten haben. Und davon haben wir alle genug, niemand ist perfekt und ohne Eigenheiten. Wir zeigen sie nur nicht aufgrund unserer Angst, verlassen zu werden. Hier spielt uns die Angst quasi einen Streich, was dazu führen kann, dass die Person sich von uns abwendet und wir uns in unserer Annahme, wir seien es nicht wert, gemocht zu werden, leider wieder bestätigt fühlen. Hier schützt die Angst uns nicht und ist keine gute Ratgeberin.

Verlassensängste können auch zu extrem starker Eifersucht führen oder zu Versuchen, die Person mit allen Mitteln an uns zu binden oder zu kontrollieren. Oft findet die Person das irgendwann sehr anstrengend und zieht sich aus der Beziehung zurück. Daraus kann für uns ein Teufelskreis entstehen, weil bei der nächsten Freundschaft unsere Angst vielleicht noch größer sein wird und dadurch unser Verhalten noch angstgesteuerter. Und dann wird es für uns immer enger.

TRINE: *Diese Ängste kenne ich sehr gut. Wenn ich für jemanden Zuneigung empfinde, ist die so stark, dass die Gefühle, die ich dann habe, teilweise unaushaltbar scheinen. Ich mochte dann bestimmte Menschen oft viel zu doll, sodass ich mich für andere fast nicht mehr interessieren konnte. Dieses* *eigentlich sehr angenehme Gefühl der Verbundenheit oder sogar Liebe wurde dann durch Ängste sehr überschattet, auch weil ich sehr leicht kränkbar wurde. Wenn dieses Gefühl dann aber irgendwann abebbte, verlor ich oftmals das Interesse an diesem Menschen komplett.*

Der Weg, um aus diesem Kreislauf herauszukommen, bedeutet viel Arbeit – vor allem am Selbstwert und an der Angst. Wenn du dich in diesen Beziehungsmustern wiedererkennst, möchten wir, dass du weißt: Du bist nicht schuld daran, dass du dich so fühlst und so viel Angst hast. Es sind deine Erfahrungen, die dich geprägt haben. Und die Erfahrungen wollen dich mithilfe der Angst vor neuen schlimmen Erfahrungen schützen. Du kannst allerdings daran viel verändern, wenn du dir dieser Vorgänge bewusst bist und übst, mit deinen Gefühlen umzugehen.

NOCH MAL IN KURZ Ängste vor dem Verlassenwerden und instabile Beziehungen hängen oft zusammen. Außerdem bedingen sie sich gegenseitig: Wenn wir Angst haben, jemanden zu verlieren, dann verhalten wir uns oft nicht authentisch, und das schadet der Beziehung. Und das Scheitern einer Beziehung bestätigt dann wieder die Angst vor dem Verlassenwerden.

WAS IST NOCH NORMAL, WAS NICHT?

Viele Menschen haben Schwierigkeiten, mit Gefühlen umzugehen. Bei Jugendlichen kommt in der Pubertät noch erschwerend hinzu, dass sich die Gefühle verstärken. Das alles ist zwar anstrengend, aber nicht unnormal. Wenn wir als Jugendliche in der Pubertät aber zusätzlich noch unter einer Emotionsregulationsstörung leiden, kann es zu starken psychischen Belastungen und damit zu Symptomen oder ausgeprägten Krankheitsbildern kommen.

Bei der Abgrenzung von gesundem Verhalten, Pubertät und psychischer Erkrankung sind vor allem folgende Fragen wichtig:

- Leidest du unter deiner aktuellen Verfassung oder unter bestimmten Symptomen oder bist du okay damit?
- Hast du das Gefühl, selbst etwas an deinem Zustand verändern zu können, wenn du es möchtest?

- Leiden andere darunter, wie du dich verhältst?
- Wie lange geht das schon so?
- Magst du dich so, wie du bist, oder hast du den großen Wunsch, viele Dinge an dir zu verändern?
- Hast du das Gefühl, anders zu sein, nicht dazuzugehören, und belastet dich das?

Nehmen wir das Beispiel einer Jugendlichen, deren Eltern sich plötzlich trennen. Gefühle wie Traurigkeit, Verzweiflung, Wut, Schuld und Hoffnungslosigkeit sind dann sehr häufig. Natürlich leidet sie unter der Situation und auch unter den vermutlich starken Gefühlen. Mit der Zeit werden sich die Gefühle aber verändern und sie wird einen Weg finden, mit der neuen Situation umzugehen.

Zunächst wird sie versuchen, mit den Gefühlen irgendwie klarzukommen, sich mal ablenken oder auch mal in Ruhe traurig sein. Das Thema der Trennung wird aber viel Raum einnehmen, sie beschäftigen und Kraft kosten. Irgendwann wird sie dann anfangen, die neue Situation zu akzeptieren, sich wieder mit anderen Dingen beschäftigen und sich langsam von dieser anstrengenden Zeit erholen. Hin und wieder deswegen sehr traurig zu sein, kann aber sehr lange anhalten und ist unbedenklich, solange nach einiger Zeit der Alltag – das »normale« Leben – wieder überwiegt. Das ist ein gesunder Verlauf ohne Emotionsregulationsstörung.

Als Jugendliche reagieren wir aufgrund der Pubertät sowieso oft impulsiver und emotionaler als Kinder und Erwachsene. Deshalb fühlt sich ein einschneidendes Erlebnis wie die Trennung der Eltern für uns sehr überwältigend an. Wenn wir außerdem nicht gelernt haben, mit unseren Gefühlen umzugehen, oder andere damit nicht belasten möchten, dann kann das schnell überfordern und dazu führen, dass sich Symptome entwickeln. Es können depressive Symptome sein wie etwa Antriebslosigkeit, Erschöpfung, Niedergeschlagenheit, Schuldgefühle, Interessenverlust oder Schlafstörungen. Oder es treten auf einmal ständig Anspannungszustände auf, in denen wir total wütend werden oder uns selbst wehtun. Oder wir probieren, unsere Gefühle mit Alkohol, Drogen, Essen oder häufigem Flüchten in Videospiele oder Social Media in den Griff zu kriegen. Wenn depressive Symptome mehr als zwei Wochen am Stück vorhanden sind, spricht man von einer psychischen Erkrankung. Mal eine Woche oder ein paar Tage antriebslos, niedergeschlagen und lustlos zu sein, ist noch keine Depression. Allerdings sind das sicherlich Warnsignale und wir sollten sie nicht ignorieren.

Wir haben bereits im Abschnitt »Die Emotionsregulationsstörung und ihre Begleiter« viele Symptome beschrieben, die auftreten können. Auch hier gilt, dass es nicht sofort ein Problem sein muss, wenn sich zum Beispiel jemand ein- oder zweimal selbst verletzt. Auch einmal in eine Schlägerei zu geraten oder zu viel zu trinken kann im Jugendalter phasenweise vorkommen und ist nicht automatisch ein Anzeichen für eine psychische Erkrankung. Erst die Häufigkeit, die Dauer und das Ausmaß des Schadens für uns oder andere ist entscheidend.

Eine wichtige Rolle bei der Einschätzung von »noch normal« oder »nicht mehr normal« spielt auch der Aspekt, wie viel Raum die Symptome einnehmen. Manche Jugendliche mit Emotionsregulationsproblemen berichten, dass sie sich gar nicht vorstellen können, ohne ihre Symptome zu sein. Dass zum Beispiel die Selbstverletzung zu ihnen gehört. Das ist sicherlich ein großes Warnsignal, vor allem, weil im Jugendalter die Persönlichkeit eines Menschen anfängt, sich auszubilden. Wir probieren uns aus, gucken, was zu uns gehört und was unsere Stärken, Schwächen und Interessen sind. Große Probleme im Umgang mit Gefühlen können dazu führen, dass wir in der Pubertät so überfordert mit den Gefühlsschwankungen sind, dass wir die oben beschriebenen Symptome tatsächlich brauchen, um damit umzugehen. Wenn wir dann aber nicht die Erfahrung machen, dass auch ein anderer Umgang mit Gefühlen möglich ist, werden die Symptome schnell zur eigenen Identität und wir können uns ein Leben und vielleicht sogar ein Überleben ohne Symptome gar nicht mehr vorstellen.

Deshalb ist es so wichtig, den Umgang mit Gefühlen zu lernen. Dies beugt psychischen Problemen vor oder kann sie mildern. Wenn die Symptome nur mal kurzfristig auftreten, ist es noch keine Erkrankung. Erst wenn sie nicht mehr von selbst verschwinden oder wir langfristig und immer wieder auf schädliche Regulationsversuche zurückgreifen (z.B. Alkohol, Selbstverletzungen), dann haben wir ein Problem. Vor allem, wenn wir unser eigenes Verhalten nicht mehr steuern und nicht mit etwas Selbstschädigendem aufhören können. Dann brauchen wir professionelle Hilfe und Unterstützung.

JETZT DU Im Downloadbereich des Buches findest du auf Arbeitsblatt 6, »Was ist noch normal und was nicht?«, nicht nur Verhaltensweisen, die bei Jugendlichen vorkommen, sondern auch Hinweise, ab wann sich daraus Warnsignale und Probleme entwickeln können. Verschaff dir selbst einen Überblick!

NOCH MAL IN KURZ Schnelle Wechsel von Gefühlen und Stimmungen sind in der Pubertät normal. Hilfe zu suchen ist dann sinnvoll, wenn du dir in dem Versuch, dich zu regulieren, oft selbst oder anderen schadest und du meinst, gar nicht mehr anders zu können.

DEN UMGANG MIT GEFÜHLEN LERNEN

Ein sicherer Umgang mit Gefühlen ist die Voraussetzung für psychische Stabilität und somit für alle Menschen sinnvoll. In diesem Kapitel legen wir den Schwerpunkt auf die einzelnen Gefühle und beschäftigen uns damit, was genau sie kennzeichnet und wie ein Umgang mit jedem einzelnen Gefühl – jeder einzelnen Basisemotion – möglich ist. Außerdem geht es um die Möglichkeiten, wie wir die Stärke von Emotionen regulieren und mit hoher Anspannung umgehen können.

EIN PAAR WORTE ZU DEN GRUNDANNAHMEN

Der Begriff der Grundannahmen taucht in diesem Kapitel auf, deshalb wollen wir ihn kurz erklären.

Grundannahmen sind unsere sehr individuellen, meist unbewussten Überzeugungen, die wir über uns selbst, unsere Umwelt und überhaupt das Leben haben. Jeder von uns hat andere Grundannahmen, je nachdem, welche Erfahrungen er im Leben bisher gemacht hat. Schwierigkeiten bereiten uns vor allem abwertende Grundannahmen wie »Ich bin nicht gut genug«, »Ich bin ein Versager« oder »Ich bin es nicht wert, geliebt zu werden«.

Wir können uns unsere Grundannahmen wie eine Brille vorstellen, durch die wir die Welt betrachten und somit auch jede Situation, in der wir sind. Ein misstrauischer Mensch (Grundannahme: »Ich kann niemandem trauen«) geht beispielsweise mit seiner »Misstrauens-Brille« durch die Welt, trifft andere Menschen und interpretiert Situationen misstrauischer als jemand anderes mit einer »Vertrauens-Brille« (Grundannahme: »Menschen sind grundsätzlich gut«). Das hat Einfluss auf die Gefühle und ihre Stärke in der jeweiligen Situation. Wir haben also Grundannahmen in uns, die wir als absolute Wahrheiten verstehen und die uns im Fühlen, Denken und Handeln beeinflussen. Das ist im Umgang mit starken Gefühlen besonders wichtig zu wissen.

JETZT DU Nimm dir ein paar Minuten Zeit und überlege, ob es auch bei dir solche Annahmen, also Sätze, gibt. Was fällt dir zu deinen Gefühlen ein? Wie bewertest du sie? Gibt es verbotene oder erlaubte Gefühle?
Wenn du traurig bist, denkst du dann vielleicht schnell: »Jetzt reiß dich mal zusammen!« oder »Vor anderen weint man nicht«?
Vielleicht hast du auch Sätze zu bestimmten Gefühlen im Kopf, die es dir wiederum leichter machen, das Gefühl zu zeigen. Beispielsweise zur Wut: »Nur wer sich wehrt, ist was wert!« Vielleicht kommen dir solche Sätze bekannt vor, und du kannst dich erinnern, von wem oder wo du sie gelernt hast.

DIE GRUNDGEFÜHLE

Im ersten Kapitel haben wir über Gefühle, Grundgefühle und Mischgefühle im Allgemeinen gesprochen.

Zur Erinnerung: Grundgefühle sind die Gefühle, die bei jedem Menschen in jeder Kultur auftreten und sich auf der ganzen Welt gleich anfühlen. Auch zeigen sie sich auf die gleiche Art und Weise, sodass, egal woher die Menschen kommen, diese Gefühle überall erkannt und eingeordnet werden können. Das erleichtert das Miteinander und vor allem die Kommunikation.

Grundgefühle gelten also als angeborene Gefühle, aus deren Mischung sich andere Gefühle ableiten lassen. Wie viele und welche Grundgefühle es gibt, ist umstritten.

Wir gehen hier wie die meisten Experten von sieben Grundgefühlen aus: Freude, Wut, Angst, Traurigkeit, Liebe, Scham, Ekel. Wir stellen die einzelnen Grundgefühle und einige Mischgefühle vor, um zu erklären, woran sie erkennbar sind, wie sie sich genau äußern, was sie uns vorschlagen, zu tun, und wie wir mit ihnen umgehen können. Und wir zeigen, welcher »Kopf«, welches »Herz« und welcher »Wegweiser« für die jeweiligen Gefühle typisch sind. Dabei geht es nicht um die Probleme, die bei Emotionsregulationsstörungen auftreten können, sondern erst mal nur um die Gefühle an sich.

Du findest alle Grundgefühle noch einmal übersichtlich auf Arbeitsblatt 2. Strategien zur Regulation unserer Gefühle brauchen wir alle – wenn wir Emotionsregulationsprobleme haben, sind sie aber umso wichtiger.

Jeder Emotion geht voraus, dass wir die Situation, in der wir uns befinden, auf irgendeine Weise eingeordnet haben. Emotionen passieren nämlich nicht einfach, sondern sind abhängig von unserer Bewertung. Die Bewertung löst das Gefühl aus! Somit sind unsere Emotionen zwar beeinflusst von der äußeren Situation, aber eben maßgeblich abhängig von unserer inneren Bewertung der Situation. Somit sind unsere Gefühle immer individuell und entsprechen nicht automatisch der Wahrheit. Jemand anderes könnte die Situation ganz anders bewerten und demzufolge auch ganz anders empfinden. Das vergessen wir schnell, weil Gefühle sehr entschieden auftreten und manchmal so überzeugend sind, dass wir sie für die einzig mögliche Option halten.

> Peter ist auf dem Weg zur Schule. »Ich hab heute echt keinen Bock, es gibt bestimmt wieder Stress«, geht ihm schon seit dem Aufstehen durch den Kopf. Das löst Unwohlsein aus, vielleicht auch ein bisschen Angst. Er trifft im Bus

seine Freundin Katja, die voller Vorfreude ist: »Das ist so cool! Heute beginnt unsere Projektwoche!« Beide sind auf dem Weg zur Schule, beide sitzen im Bus, zur gleichen Zeit, am gleichen Tag, um sie herum herrschen die gleichen Bedingungen.

Ob es blöd ist, zur Schule zu gehen, oder schön, hängt also ganz offensichtlich von der eigenen Bewertung, den eigenen Gedanken ab. Der Gedanke macht das Gefühl!

FREUDE

Freude ist die Gefühlsregung bei einer angenehmen Situation oder Sache. Freude unterstützt uns, mit anderen Menschen auf eine leichte, ungezwungene Art in Kontakt zu treten. Wenn sich jemand freut und deshalb lächelt oder lacht, kann das auf uns abfärben. Und wenn wir uns freuen, haben wir so etwas wie einen Filter im Gehirn, sodass uns alles etwas besser, cooler und schöner vorkommt und uns immer mehr Dinge auffallen, die schön sind. So füttert sich das Gefühl selbst und das freudige Gefühl wird immer stärker. Oft wollen wir die Freude oder den Moment einfach nur genießen.

Freude hat die Funktion, uns zu motivieren. Sie hilft uns, an Dingen dranzubleiben und weiterzumachen.

Wenn wir uns freuen, haben wir vorab die Situation als schön, bereichernd, angenehm oder wertschätzend bewertet. Es sind die Gedanken, die das Gefühl der Freude in Gang setzen – mit den passenden Körperreaktionen und Gedanken sowie einem eindeutigen Handlungsimpuls.

Durch Freude können Grundannahmen aktiviert werden, die in dem Moment als positiv empfunden werden, wie: »Ja, die Arbeit lohnt sich!«, zum Beispiel wenn es um das Planen einer Überraschungsparty geht, die ein Erfolg wird, oder wir uns viele Gedanken um ein Geschenk gemacht haben und die beschenkte Person sich sehr freut – und wir uns dann auch freuen – oder wir eine gute Note für eine Gruppenarbeit bekommen, in der sich alle angestrengt haben.

Bei vielen kann Freude aber auch unangenehme Grundannahmen und Gedanken wecken, wie: »Ich habe das nicht verdient«, »Ich darf mich nicht freuen, wo es doch anderen so schlecht geht«. Manche empfinden es auch als bedrohlich, etwas Schönes wie Freude zu empfinden, weil sie wissen, dass es irgendwann wieder vorbei ist – so wie das bei allen Gefühlen ist.

Auslösende Bewertung:
»DAS IST GUT FÜR MICH.«

FREUDE

KOPF

- »WOW!«
- »DAS IST SCHÖN!«
- »DAS SOLL IMMER SO BLEIBEN!«
- »ES IST SO ANGENEHM!«

HERZ

- HERZ SCHNELLER
- WÄRME IM GESICHT
- ENERGIE IN DEN MUSKELN
- AKTIV UND WACH
- AUGEN WEIT OFFEN
- LÄCHELN, LACHEN
- OFFENE UND LOCKERE KÖRPERHALTUNG

WEGWEISER

- VORWÄRTS!
- ERZÄHL ALLEN DAVON
- ICH BLEIBE FÜR IMMER HIER
- DAS MACHE ICH NOCH MAL

Manchmal kommt sogar der Gedanke auf, dass nach etwas sehr Schönem etwas Schlimmes passieren wird. Das kann zu impulsivem Verhalten führen: So kann es sein, dass wir einen Streit anfangen, um die Freude »selbstbestimmt« zu beenden, damit wir vermeiden, dass sie uns unkontrolliert wieder weggenommen wird.

TRINE: *Das Gefühl der Freude kann ich so stark empfinden, dass selbst diese schöne Emotion schmerzhaft ist. Das kann noch zusätzlich verstärkt werden, wenn das Umfeld nicht genauso intensiv auf diese starke Freude reagiert oder wenn ich Angst habe, dass sie von einem unangenehmen Gefühl abgelöst wird.*

WUT

Wut ist eine intensive Emotion, die auftritt, wenn wir uns bedroht oder ungerecht behandelt fühlen oder unsere Grenzen überschritten werden. Auch wenn wir verletzt oder angegriffen werden, macht uns Wut für einen Kampf bereit. Das gilt auch für Situationen, in denen nicht wir, sondern andere schlecht behandelt werden.

Auslösende Bewertung:

»ICH ODER JEMAND ANDERES WIRD BEDROHT.«

WUT

KOPF

»DAS IST MEINE GRENZE UND DU HAST SIE ÜBERSCHRITTEN!«

»DAS IST NICHT IN ORDNUNG!«

»ICH WERDE ANGEGRIFFEN!«

»DAS IST UNGERECHT!«

HERZ

WÄRME IM GESICHT

MUSKELN WERDEN MIT ENERGIE VERSORGT

»BÖSE« GUCKEN

DAS GEGENÜBER FIXIEREN

FÄUSTE BALLEN

SCHREIEN

SICH »GROSS« MACHEN

WEGWEISER

VORWÄRTS!

SICH WEHREN

ZUSCHLAGEN

ZERSTÖREN

KRITIK ÄUSSERN ODER PROBLEME ANSPRECHEN

»STOPP!« SETZEN

Wir richten uns auf, atmen tief, fokussieren mit schmalen Augen den Gegner. Die Wut hat bei den Urmenschen im Kampf mit gefährlichen Tieren gewaltige Kräfte mobilisiert oder beim Streit am Lagerfeuer dazu geführt, dass sie so gefährlich aussahen, dass alle anderen Respekt hatten und sich dann vielleicht doch lieber nicht mehr auf eine körperliche Auseinandersetzung einlassen wollten. Also hilft uns die Wut – auch heute noch –, uns durchzusetzen und uns für uns selbst und unsere Familie und Freunde stark zu machen.

Wut ist ein sehr aktives Gefühl, man wird laut, kommt in Bewegung, möchte brüllen, etwas werfen, um sich schlagen oder den anderen angreifen. Unser innerer Filter betont die Dinge, die gegen uns gerichtet sind. Alles andere nehmen wir kaum noch wahr. Wut hat die Funktion, uns oder andere zu schützen, und hilft uns somit zu überleben.

Wut ist ein besonderes Gefühl, weil es eines der häufigsten sogenannten Folgegefühle ist. Die Wut springt sozusagen als Helferin ein, wenn man mit anderen Gefühlen überfordert ist. Du bist traurig, willst es aber nicht sein? Dann lieber genervt! Du bist hilflos und weißt nicht, was du tun kannst? Dann lieber wütend werden! Du bist enttäuscht, weil etwas nicht geklappt hat, so wie du es wolltest? Erst mal ausflippen! Das kann uns bei verschiedenen Gefühlen leicht passieren: Wir werden wütend, um wenigstens irgendetwas tun zu können.

JETZT DU Überleg mal, ob es bestimmte Gefühle gibt, die dich sehr überfordern und bei denen du dann sehr patzig oder gereizt reagierst. Oder bist du sowieso meistens genervt? Vielleicht nimmst du dir dann mal die nächste Woche Zeit, um zu beobachten, ob unter der Wut vielleicht noch andere Gefühle liegen.

Wut ist in unserer Gesellschaft nicht sehr beliebt. Insbesondere Jugendliche kennen es, dass sie kritisiert werden, wenn sie Wut zeigen, vor allem Mädchen. Wut zu zeigen ist in unserer Gesellschaft anscheinend nicht so richtig okay, und deshalb lernen wir mit der Zeit, Wut zu maskieren, also möglichst zu verstecken. Viele von uns fangen an, zu weinen, wenn sie wütend sind. Ein weinendes Mädchen ist gesellschaftlich meist akzeptierter als ein wütendes.

»Ich werde immer ungerecht behandelt« oder »Ich darf keine Schwäche zeigen« sind Beispiele für Grundannahmen, die schnell Wut aktivieren können.

TRINE: *Ich werde schnell wütend und die Wut will dann gar nicht weggehen. Das ganze Adrenalin, das dann hochkommt, führt zu einer Riesenanspannung. Wenn das Adrenalin aufgebraucht ist, bin ich total erschöpft. Auch wegen der ganzen Energie, die ich gebraucht habe, um meine Wut zu unterdrücken. Denn wenn ich meine Wut zeige, kann das zu Problemen mit anderen führen. Und das ist dann ganz blöd, denn eigentlich geht es oft um ein anderes Gefühl, das unter der Wut liegt. Zum Beispiel, dass ich mich unverstanden fühle. Vielleicht ist das dann gar nicht so, aber statt mich zu erklären, raste ich einfach aus.*

ANGST

Erinnerst du dich noch an das Beispiel mit dem Einbrecher am Anfang des ersten Kapitels? Darin wird sehr deutlich, welchen Einfluss unsere Gedanken und Wahrnehmungen auf ein Gefühl haben. Wenn es hell ist, haben wir keine Angst im Wald und finden es dort eher schön. Wenn es dunkel ist, können wir große Angst im Wald haben. Unsere Bewertungen des Waldes spielen die auslösende Rolle. Wir bewerten den Wald in der Dunkelheit als gefährlich und – *zack* – haben wir Angst. Angst hat die Funktion, uns zu schützen.

Auslösende Bewertung:
»DAS IST GEFÄHRLICH!«

ANGST

KOPF

»DAS KANN MIR ODER JEMAND ANDEREM SCHADEN!«
»ICH WILL WEG!«
»HILFE!«

HERZ

HERZ SCHNELLER
KRIBBELN IN ARMEN UND BEINEN
AUGEN WEIT OFFEN
SEHR AUFMERKSAM UND WACH
SCHWITZEN
ZITTERN

WEGWEISER

ZURÜCK! oder STOPP!
WEGLAUFEN
SICH VERSTECKEN
ERSTARREN

Angst ist die emotionale Antwort auf eine Situation, die wir als gefährlich oder bedrohlich einschätzen. Unser Körper muss dann sehr schnell reagieren, um uns vor der Gefahr zu schützen. Wenn uns zum Beispiel jemand erschreckt, dann kribbeln manchmal Arme und Beine, auch wenn der Schreck schon wieder vorbei ist. Der Körper zieht nämlich bei einer vermeintlich lebensgefährlichen Situation schnell das Blut aus den Armen und Beinen in die Mitte des Körpers, um die Organe gut zu versorgen. Dann können wir uns mit den »blutleeren« Armen und Beinen wehren, und sollten die verletzt werden, verlieren wir nicht so viel Blut. Eigentlich ganz schlau eingerichtet. Die körperlichen Reaktionen, die auftreten, wenn wir Angst haben, sind nicht angenehm. Wenn wir diese fühlen, ohne zu verstehen, dass es gerade um Angst geht, kann das die Angst noch verstärken. So kann es zu Panikattacken kommen, denn Gedanken wie »Was passiert hier? Ich werde sterben!« oder »Ich bekomme einen Herzinfarkt!« verstärken die Angst noch mehr. Und das verstärkt dann wiederum die Körperreaktionen. Das Gefühl füttert sich wieder selbst – ein Teufelskreis. Das kann dann sogar zu einer sogenannten Erwartungsangst führen, also zu einer Angst vor der Angst.

Angst kann zu verschiedenen Reaktionen führen. Sie kann uns lähmen oder aber Kräfte mobilisieren und uns befähigen, Dinge zu tun, die wir sonst nicht könnten. Die Handlung, die Angst jedoch meist vorschlägt, ist, zu flüchten.

Und wenn wir immer wieder Dinge aus Angst nicht tun, dann ist das ein Vermeidungsverhalten. Wir achten sozusagen darauf, dass die Angst gar nicht erst entsteht, und machen dann die Dinge nicht mehr, die uns Angst machen. Das ist grundsätzlich verständlich, denn niemand hat gern Angst. Und in manchen Situationen ist das auch sehr sinnvoll. Wenn wir aber immer wieder Dinge vermeiden, die zwar Angst machen, aber eigentlich nicht gefährlich sind – wie zum Beispiel Prüfungen –, dann kommen wir im Leben nicht voran und schränken uns auch im Erleben von vielen schönen Dingen ein.

Grundannahmen, die dazu führen, dass Menschen häufiger Angst haben, können sein: »Die Welt ist gefährlich und Menschen sowieso« oder »Ich bin schwach«.

TRINE: *Da Angst normalerweise Flucht vorschlägt, werden im Körper Hormone ausgeschüttet, die uns darauf vorbereiten sollen. Wenn ich diese Stresshormone dann nicht durch körperliche Betätigung – zum Beispiel einen Sprint – abbaue, habe ich oft Verspannungen, Kopfschmerzen, Daueranspannung oder Schlafstörungen. Dadurch geht es mir dann insgesamt nicht so gut, was mich wieder anfälliger für Angst machen kann!*

TRAUER

Trauer ist die Emotion, die auftritt, wenn wir einen Verlust erlitten haben. Das kann der Verlust einer Freundschaft, eines Familienmitglieds oder eines Haustiers sein. Auch der Verlust des Zuhauses bei einem Umzug oder das Aufgeben eines wichtigen Ziels können Trauer auslösen.

Auslösende Bewertung:
»ICH HABE ETWAS WICHTIGES VERLOREN.«

TRAUER

KOPF

»ER IST FÜR IMMER FORT!«

»ICH KANN OHNE IHN NICHT LEBEN!«

»WARUM IST DAS SO?«

» DAS HALTE ICH NICHT AUS!«

HERZ

WEINEN

KLOß IM HALS

DRUCK IN DER BRUST

HERZSCHMERZEN

ATEMNOT

ENERGIELOSIGKEIT

WEGWEISER

ZURÜCK!

ALLEIN SEIN

RÜCKZUG

Trauer hat die Funktion, uns Zeit zum Heilen zu geben, denn wir sind geschwächt, wenn wir jemanden oder etwas Wichtiges verlieren, und müssen erst wieder Kraft schöpfen. Deshalb bremst uns die Trauer aus. Die Trauer ist dazu da, uns von etwas Verlorenem emotional zu lösen. Wir verarbeiten mit ihrer Hilfe den Verlust, um irgendwann wieder bereit zu sein, am Leben teilzunehmen.

Trauern kann in Kreisen oder auch Spiralen verlaufen. Manchmal haben wir dabei das Gefühl, gar nicht weiterzukommen oder wieder auf denselben Punkt zu schauen, allerdings aus einer anderen Entfernung.

Trauer ist ein Gefühl, das viele von uns gern wegdrücken wollen. Trauer kann sich durch Weinen zeigen oder durch einen Kloß im Hals. Wir können uns aber auch kaputt, müde und krank fühlen oder Schmerzen haben. Wir möchten allein sein oder von anderen getröstet werden, manchmal auch beides gleichzeitig.

Trauer fühlt sich für viele von uns sehr passiv an. Das kann uns so nerven, dass das Gefühl wechselt zu einem anderen, das einen aktiveren Handlungsvorschlag macht. Wut taucht deshalb oft bei Trauer auf mit dem Vorschlag »Angriff«, oder Angst mit dem Vorschlag »Flucht«. Für viele fühlt sich das alles besser an als dieses Schwächegefühl der Trauer. Auch das Gefühl von Schuld kann bei Trauer ein Begleiter sein, denn ein Verlust fühlt sich kontrollierbarer an, wenn wir darüber nachdenken, was wir anders hätten machen können.

TRINE: *Trauer wird bei mir oft durch andere Gefühle ersetzt. Deshalb ist mir oft gar nicht richtig bewusst, dass ich traurig bin, weil es sich in anderen Gefühlen äußert. Ich kann um alles Mögliche trauern, auch um viele Dinge in meiner Kindheit, die ich mir anders gewünscht hätte. Es war ein schwieriger und wichtiger Schritt für mich, zu verstehen, dass unter der Wut, die ich jahrelang gegenüber Dingen und Leuten gefühlt habe, eigentlich meine nicht verarbeitete Trauer lag.*

EKEL

Ekel kann man als starke Abneigung, starken Widerwillen oder Abscheu beschreiben. Ekel ist dazu da, uns vor Krankheiten oder Dingen, die wir nicht tun wollen, zu schützen. Ekel verhindert beispielsweise, dass wir giftige oder verdorbene Nahrung essen, Dinge berühren, die uns krank machen können, oder jemandem nahe kommen, den wir abstoßend finden. Ekel kann als sehr körperlich erlebt werden – mit Übelkeit, Brechreiz, Schwitzen oder auch einem sinkenden Blutdruck. Ekel ist somit ein Gefühl, das uns vor Krankheiten und vor dem Tod schützen will.

Ekel kann den Drang auslösen, sich zu übergeben, sich zu waschen, den Auslöser und das Gefühl irgendwie zu entfernen. Körperlich sind wir dann angespannt und kauern uns manchmal auch zusammen.

Wir können uns aber nicht nur vor anderen Menschen, sondern auch vor uns selbst ekeln, manchmal ohne konkrete Ursache oder aber auch, weil uns etwas Abstoßendes passiert ist. Wenn wir uns selbst anekeln und uns selbst ablehnen, kann es uns schwerfallen, anderen zu glauben, dass sie uns mögen oder sogar lieb haben.

Auslösende Bewertung:

»DAS MACHT MICH KRANK ODER IST GIFTIG.«

EKEL

KOPF

»DAS IST WIDERLICH!«

»IGITT!«

»DAS MUSS SOFORT WEG VON MIR!«

HERZ

ÜBELKEIT

UNRUHE

SCHÜTTELN

SCHWITZEN

GESICHT VERZIEHEN

WEGWEISER

ZURÜCK!

REINIGEN

AUSSPUCKEN

WEGGEHEN

FALLEN LASSEN

Grundannahmen, die vor allem den Ekel vor uns selbst verstärken können, sind beispielsweise: »Ich bin abstoßend und wert, abgelehnt zu werden« oder »Ich verdiene es, schlecht behandelt zu werden«.

TRINE: *Wenn ich mich vor mir selbst ekele, ist mir das manchmal gar nicht bewusst. Selbstverletzendes oder selbstschädigendes Verhalten oder generell ein nicht so guter Umgang mit mir und meinem Körper hängt oft mit Ekel vor mir selbst zusammen, aber das ist mir sehr lange nicht aufgefallen.*

LIEBE

Liebe ist ein Gefühl stärkster Zuneigung und Wertschätzung. Sie kann mit körperlichem Begehren einhergehen, weil sie das Gefühl ist, das uns Menschen als Spezies das Überleben sichert, indem wir uns fortpflanzen. Liebe kann aber auch ohne sexuelles Verlangen auskommen, da sie auch das Gefühl ist, das uns in Gruppen zusammenleben und aufeinander aufpassen lässt. Sie ist somit vor allem dazu da, Beziehungen über lange Zeit zu stabilisieren und zu erhalten. Zur Liebe zählt deshalb auch das Gefühl der Freundschaft und Sympathie. Sie sind Abstufungen dieses Grundgefühls.

Auslösende Bewertung:
»ALLES AN DIR IST GROSSARTIG.«

LIEBE

KOPF	HERZ	WEGWEISER
»ER IST ALLES FÜR MICH!«	AUFREGUNG	VORWÄRTS!
»ICH KANN OHNE IHN NICHT SEIN!«	ENERGIE	NÄHE SUCHEN
»ICH MÖCHTE IMMER BEI IHM SEIN!«	WÄRME	SICH GUT DARSTELLEN
	LÄCHELN	»HÜBSCH MACHEN«
	KRIBBELN IM BAUCH	

In der Anfangsphase der Liebe, der Verliebtheit, »schweben wir auf Wolke sieben«, wollen immer bei der geliebten Person sein, denken immerzu an sie und sind unfähig, etwas Negatives an der Person wahrzunehmen. Das kann zu Problemen führen, möglicherweise zu Streitereien mit Freunden, wenn diese versuchen, uns zu warnen, wenn wir in jemanden verliebt sind, der uns nicht guttut oder schlecht behandelt. Irgendwann geht diese Anfangsphase in ein weniger raumgreifendes Gefühl über. Das empfinden viele von uns als traurig oder schade. Insbesondere, wenn wir emotional instabil sind oder starke Gefühle haben, erleben wir dies als Dämpfer und interpretieren es oft fehl als Liebesverlust. Am Ende dieser Verliebtheitsphase kommt es deshalb oft zu Trennungen – meist nach sechs bis neun Wochen.

Liebe oder Verliebtheit kann in ihrer Intensität auch schmerzhaft sein oder uns Angst machen. Die Angst davor, einen geliebten Menschen zu verlieren, kann zu destruktivem oder impulsivem Verhalten führen. Manchmal fangen wir dann an, die Beziehung zu zerstören.

Oder wir glauben anderen nicht, dass sie uns mögen, weil wir keine Liebe für uns selbst fühlen und uns deshalb nicht vorstellen können, dass andere das tun. Es kann zu Gedanken kommen wie »Ich verdiene dieses gute Gefühl nicht«, »Alles Gute geht eh vorbei« oder »Er liebt mich gar nicht richtig«. So zerstören die Gedanken langsam das schöne Liebesgefühl.

SCHAM

Auch wenn es den Ansatz gibt, die beiden Emotionen als das Gleiche anzusehen, möchten wir zwischen dem Gefühl der Scham und dem der Schuld unterscheiden. Das tun wir anhand der unterschiedlichen Bewertungen, die den Gefühlen vorausgehen – bei der Scham: »Ich bin falsch« und bei der Schuld: »Ich habe etwas falsch gemacht«. Daran schließen sich dann nämlich unterschiedliche Regulationsmöglichkeiten an.

Scham ist ein sehr unangenehmes Gefühl von Unzulänglichkeit, das auftritt, wenn wir die Sorge haben, gegenüber einer Person oder Gruppe, wie zum Beispiel im Freundeskreis, etwas getan zu haben, was zu einem Verlust von Anerkennung führen könnte. Wenn wir zurückgewiesen werden oder uns etwas Peinliches passiert, schämen wir uns. Dieses Gefühl dient uns in einer Gruppe als Signal, das uns aufmerksam sein lässt, nicht zu gut oder zu schlecht aufzufallen. Wenn wir sozial »aus der Rolle fallen«, erinnert uns die Scham daran, dass wir doch eigentlich gern zu unserer Gruppe gehören wollen. So hilft uns die Scham, unser Verhalten zu korrigieren und dadurch die Chance zu haben, weiterhin in der Gruppe akzeptiert zu sein. Das ist wichtig, denn zu Urzeiten bedeutete der Ausschluss aus der Stammesgruppe den Tod.

Wenn wir uns schämen, zeigen wir, dass wir unser Fehlverhalten einsehen. Wenn wir uns schämen, wird uns oft heiß, das Gesicht wird rot, das Herz schlägt schneller und wir möchten »im Boden versinken«.

Scham ist nützlich, wenn wir uns vielleicht wirklich ein bisschen danebenbenommen haben und es uns nicht guttun würde, ein solches Verhalten dauerhaft an den Tag zu legen. Oft schämen wir uns für Sachen, die uns aus Versehen, also ohne Absicht, passieren – wie zum Beispiel ein Pups oder ein Versprecher.

Auslösende Bewertung:

»ICH HABE GEGEN EINE REGEL DER GRUPPE VERSTOSSEN!«

SCHAM

KOPF

»WIE PEINLICH!«

»DAS DARF NICHT WIEDER PASSIEREN!«

»HOFFENTLICH MERKT ES NIEMAND!«

»DAS WAR VOLL DANEBEN!«

»ICH KRIEG ES NICHT HIN.«

HERZ

ROT WERDEN

HAND VORS GESICHT

WÄRME

AUF DEN BODEN GUCKEN

HERZKLOPFEN

SCHWITZEN

NASSE HÄNDE

WEGWEISER

ZURÜCK! oder STOPP!

VERSTECKEN

DIE SITUATION VERLASSEN

VERMEIDEN

ERSTARREN, STILLHALTEN

Schwierig wird es, wenn wir uns für etwas schämen, für das wir uns eigentlich nicht schämen müssten. Das passiert oft, wenn zum Beispiel andere uns demütigen. In dieser Situation wäre es nützlicher, Hilfe zu holen oder sich gegen das Verhalten der anderen zu wehren, anstatt es auf sich selbst zu beziehen und sich zu schämen. Oft ist es aber leichter, sich zu schämen, weil es wie eine Entschuldigung, eine Unterwerfung wirkt: »Ja, ich bin schlecht. Ich habe verstanden. Seht ihr nicht, dass ich schon rot werde?« Darin steckt die Hoffnung, dass die anderen dann aufhören, uns zu demütigen.

Grundannahmen, die bei Scham oft aktiv sind, können sein: »Ich bin wertlos«, »Ich kann nichts«, »Ich habe es nicht besser verdient«.

SCHULD

Insbesondere beim Gefühl der Schuld gehen die Meinungen auseinander, ob es ein Grundgefühl ist oder nicht. Da Schuld aber ein Gefühl ist, das viele von uns belastet und zu destruktivem Verhalten führt, ist es ein so wichtiges Gefühl, dass wir es hier besprechen möchten.

Schuld ist ähnlich wie Scham die emotionale Reaktion auf soziales Fehlverhalten. Sie kann mit Erröten und Schwitzen und dem Bedürfnis, zu verschwinden, einhergehen. Der Sinn des Schuldgefühls ist, uns zu ermöglichen, aus Fehlern zu lernen, diese in Zukunft zu vermeiden und für den entstandenen Schaden Wiedergutmachung zu leisten. Wenn wir wirklich etwas gemacht haben, was nicht in Ordnung war, ist das hilfreich und angemessen. Denn wenn jeder nur an sich denken und sich nehmen würde, was er braucht, dann könnte die Menschheit nicht lange überleben. Es gäbe Streit, Gewalt und Mord. Damit wir miteinander gut leben können, haben wir Gesetze und Regeln festgelegt, die Strafen vorsehen, wenn wir uns falsch verhalten. Wenn wir gegen ein Gesetz verstoßen, leisten wir eine Strafe ab und haben damit unsere Schuld an der Gesellschaft wiedergutgemacht. Die Emotion Schuld teilt uns mit, dass wir gegen ein – sozial oder juristisch festgeschriebenes – Gesetz verstoßen haben und nun eine Strafe verdienen, damit wir weiterhin Teil der Gesellschaft sein dürfen.

Oft haben wir aber auch Schuldgefühle bei Ereignissen, für die wir gar nichts können, sondern für die andere Menschen verantwortlich sind oder die einfach passieren, wie beispielsweise Naturkatastrophen. Eine mögliche Erklärung dafür ist, dass wir uns lieber schuldig als hilflos und ausgeliefert fühlen. Die Schuld springt hier ein, damit wir uns nicht so machtlos und schwach fühlen müssen.

TRINE: *Ich habe das Gefühl, die Kontrolle über die Dinge zu behalten, wenn ich mir dafür die Schuld gebe. Wenn ich zum Beispiel nicht verstehen kann, warum Menschen mir etwas Schlechtes antun, gebe ich mir die Schuld dafür und sage mir, dass ich es so verdient habe. Immerhin habe ich dann eine Erklärung, auch wenn sie falsch ist. Gerade bei emotionaler Instabilität wird das dann sehr schwarz-weiß: Entweder sind die anderen schuld oder ich selbst. Das vereinfacht die Welt für mich und macht sie berechenbarer. Aber es entspricht natürlich nicht der Wahrheit.*

Auslösende Bewertung:

»ICH HABE EINEN FEHLER GEMACHT.«

SCHULD

KOPF

»DAS WAR FALSCH!«

!

»ICH HÄTTE DAS NICHT TUN DÜRFEN!«

X

»DAS WOLLTE ICH NICHT!«

HERZ

SCHULTERN NACH VORN

↘

GEBEUGTE KÖRPERHALTUNG

↗

DRÜCKENDES GEFÜHL IM BAUCH ODER IN DER BRUST

↓

AUF DEN BODEN GUCKEN

WEGWEISER

ZURÜCK!

WIEDERGUTMACHUNG LEISTEN

+

SICH ZURÜCKHALTEN

‹‹‹

DIE SITUATION VERLASSEN

←

STRAFE ERDULDEN

—

SICH ENTSCHULDIGEN

Schuld ist ein sehr kopflastiges Gefühl, bei dem man leicht in Gedankenkreise abrutschen kann und dauerhaft von Zweifeln und Selbstvorwürfen geplagt wird. Dauerhaft empfundene Schuld kann zu selbstverletzendem Verhalten führen. Die Selbstschädigung dient dann als eine Art Bestrafung und Wiedergutmachung und hilft so kurzfristig, das Schuldgefühl abzumildern.

Grundannahmen, die bei Schuld aktiviert werden, können sein: »Ich habe Schlimmes getan« oder »Ich bin grundsätzlich ein schlechter Mensch«.

HÄUFIGE MISCHGEFÜHLE

Mischgefühle sind Kombinationen aus zwei oder mehr Grundgefühlen. So wie blau und rot in der Mischung lila ergeben, kann die Mischung aus Angst und Wut beispielsweise Neid ergeben. Wir stellen hier nicht alle möglichen Emotionsmischungen vor, sondern beschränken uns auf drei, die für die meisten von uns eine große Herausforderung darstellen und zu starkem emotionalem Leid führen können, wenn wir sie nicht verstehen und deshalb nicht reguliert bekommen: Eifersucht, Einsamkeit und Hilflosigkeit.

Wenn wir erkennen, aus welchen Grundgefühlen sich das Mischgefühl zusammensetzt, dann können wir es mithilfe der Regulationsmöglichkeiten der einzelnen Grundgefühle auch verändern. Das ist bei den Mischgefühlen aber nicht immer so einfach, weil sich die Handlungsimpulse der einzelnen Grundgefühle zum Teil stark unterscheiden, die Wegweiser in unterschiedliche Richtungen zeigen. Und darin begründen sich auch die starken emotionalen Spannungen, die von diesen Gefühlen ausgehen.

EIFERSUCHT

Eifersucht tritt auf, wenn wir den Eindruck haben, von einer Person zu wenig Anerkennung, Zeit oder Zuwendung zu bekommen, während eine dritte Person all das von dieser Person erhält, von der wir es uns wünschen. Manchmal glauben wir auch nur, dass es so ist, und das reicht, um Eifersucht auszulösen. Der Gedanke macht das Gefühl.

TRINE: *Um eifersüchtig zu werden, kann bei mir auch schon die Vermutung ausreichen, dass jemand anderes von der Person, die ich für mich haben will, mehr Aufmerksamkeit oder Zuwendung bekommt als ich oder dass jemand anderes überhaupt von ihr beachtet wird. Ich weiß, das ist oft ungerecht, aber der Gedanke ist halt immer sofort da.*

Der Unterschied zum Neid ist, dass wir bei Neid etwas haben wollen, was jemand anderes besitzt oder hat, bei Eifersucht dagegen etwas nicht verlieren wollen, was wir selbst haben. Eifersucht hat die Funktion, dass wir um wichtige Beziehungen kämpfen, um nicht ausgeschlossen zu werden oder um diese nicht zu verlieren.

Auslösende Bewertung:

»ICH VERLIERE DICH AN JEMAND ANDERES.«

EIFERSUCHT

KOPF

»ER MAG MICH NICHT MEHR!«

X

»ICH WERDE VERLASSEN! DAS DARF NICHT PASSIEREN!«

<

»ICH BIN SCHLECHTER ALS DER ANDERE!«

HERZ

ANSPANNUNG

DRÜCKENDES GEFÜHL

»TUNNELBLICK« FÜR NEGATIVE DINGE

UNRUHE

HERZRASEN

WEGWEISER

ZURÜCK & VORWÄRTS!

DIE GELIEBTE PERSON AN SICH BINDEN

{}

DIE AUFMERKSAMKEIT AUF SICH ZIEHEN

!

SICH GUT DARSTELLEN

★

DEN KONKURRENTEN SCHLECHTREDEN

STREIT ANFANGEN

KONTROLLIEREN

Eifersucht ist ein zusammengesetztes Gefühl und besteht vor allem aus den Grundgefühlen Angst und Wut. Unser Körper reagiert bei Eifersucht mit Stress, damit wir handeln. Der Handlungsvorschlag ist allerdings nicht eindeutig, weil der Wegweiser in verschiedene Richtungen zeigt: Bei Angst wollen wir fliehen, bei Wut angreifen.

Aus Sorge vor dem Verlust fangen wir vielleicht an zu klammern, versuchen es der anderen Person recht zu machen und ordnen uns ihren Wünschen unter. Wir werden misstrauisch, sehen überall Beweise für unseren Verdacht, dass sie uns verlassen will, und spionieren ihr nach. Die Wut bringt uns dazu, Streit anzufangen und die Person mit Worten oder auch körperlich anzugreifen. Wir wollen den drohenden Beziehungsverlust mit aller Macht verhindern.

EINSAMKEIT

Einsamkeit entsteht, wenn wir uns allein fühlen und darunter leiden. Wir fühlen uns dann traurig, vielleicht auch abgelehnt oder ausgestoßen, als Sonderling. Manchmal führt das zu Schuld- oder Schamgefühlen. Wir können uns einsam fühlen, wenn wir unter Leuten sind oder wenn wir allein sind. Wir können aber auch allein sein, ohne uns einsam zu fühlen.

Auslösende Bewertung:
»ICH BIN ALLEIN UND MÖCHTE DAS NICHT.«

EINSAMKEIT

KOPF

»ICH HABE NIEMANDEN!«

»ICH GEHÖRE NICHT DAZU!«

»ICH KANN MICH NIEMANDEM ZUMUTEN!«

HERZ

SICH SCHWER ODER TAUB FÜHLEN

DRÜCKENDES GEFÜHL IM BAUCH

ENERGIELOS

WEGWEISER

ZURÜCK & VORWÄRTS!

KONTAKT SUCHEN

+/-

RÜCKZUG

Das hängt davon ab, was uns und unseren Bedürfnissen am ehesten entspricht. Wenn wir das Bedürfnis nach Ruhe haben, werden wir uns in einer lauten Gruppe eher einsam und unwohl fühlen. Wenn wir das Bedürfnis nach Gesellschaft haben, dann fühlen wir uns einsam, wenn wir allein sind. Und es spielt eine große Rolle, ob wir uns mit uns selbst oder anderen verbunden fühlen können und möchten – auch wenn die anderen mal nicht da sind.

Einsamkeit fühlt sich bedrohlich und sehr unangenehm an. Da wir uns gut fühlen wollen, gibt uns die Einsamkeit somit die Aufgabe, diesen unangenehmen Zustand zu beenden, und zwar durch die Kontaktaufnahme zu anderen.

Weil einsam sein in der Urzeit tödlich war, ist dieses Gefühl so beklemmend und unangenehm, damit wir alles Mögliche tun, um den einsamen – früher lebensbedrohlichen – Zustand zu beenden. Der Wegweiser fordert uns auf, rauszugehen, Leute zu treffen, Freunde anzurufen oder eine Partnerschaft einzugehen.

Einsamkeit ist eine Mischung aus Angst und Traurigkeit. Beide Gefühle haben den gleichen Impuls, nämlich Rückzug. Das macht es so schwer, bei Einsamkeit die Kraft aufzubringen, nach draußen zu gehen und Kontakt zu suchen, obwohl es genau das ist, was wir brauchen. Wir ziehen uns bei Einsamkeit zurück, weil wir sehr verletzlich und traurig sind, aber wir haben gleichzeitig auch Angst, niemanden zu finden, der uns schützt.

Daraus entstehen dann wiederum unterschiedliche Signale: »Pass auf, du könntest verletzt werden, wenn du dich da draußen allein den Gefahren stellst! Bleib lieber in deinem Versteck!«, und gleichzeitig: »Geh raus, finde eine Gruppe, die dich unterstützt!«

TRINE: *Eine Zeit lang hatte ich den Eindruck, dass jede Emotion irgendwann in dem Gefühl der Einsamkeit endete. Wenn ich zu wütend war oder zu glücklich, kam danach irgendwie ein Tief und ich habe mich einsam gefühlt mit all meinen starken Gefühlen. Ich habe mir das so erklärt, dass bei emotionaler Verletzlichkeit oder auch phasenweise in der Pubertät alle Gefühle oft so wahnsinnig stark sind, und wenn die dann nachlassen, dann kippt es, und man fühlt sich leer und oft einsam.*

Und weil andere das nicht nachvollziehen können und ich es ja oft selbst nicht verstehe, dass es von einem Moment zum anderen so ganz anders sein kann, verliere ich den Kontakt zu den anderen, aber auch zu mir selbst – und dann fühle ich mich einsam.

Sich lange und oft einsam zu fühlen kann der Gesundheit schaden, zu ungesunden Verhaltensweisen bis hin zu Depressionen führen. Um uns weniger einsam zu fühlen, kann es sein, dass wir zu Leuten Kontakt halten, die uns nicht gut behandeln, oder über Verhaltensweisen, die uns schaden, Kontakt suchen. Wir können aber, wie bei vielen anderen unangenehmen Gefühlen auch, den Wunsch haben, das Gefühl der Einsamkeit zu betäuben.

Gedanken, die bei Einsamkeit auftreten können, sind: »Ich bin anders«, »Ich gehöre nicht dazu und werde nie dazugehören« oder »Ich verdiene keine Zuneigung«.

HILFLOSIGKEIT UND OHNMACHT

Hilflosigkeit oder Ohnmacht entsteht, wenn wir auf etwas Wichtiges keinen Einfluss haben. Oder wenn wir dem Wegweiser eines Gefühls aus irgendwelchen Gründen nicht folgen, zum Beispiel bei Angst nicht wegrennen können, obwohl sie uns dazu auffordert. So können sich fast alle Gefühle zu Ohnmacht vermischen oder entwickeln, wenn wir nicht wissen, was wir mit ihnen machen sollen. Wenn wir uns ohnmächtig fühlen, sind wir oft unruhig und getrieben und fühlen uns gleichzeitig traurig oder erschöpft, weil wir etwas tun wollen, aber das Gefühl haben, nichts tun zu können.

Auslösende Bewertung:

»ICH KANN NICHTS TUN, OBWOHL ICH ES MÖCHTE.«

HILFLOSIGKEIT

KOPF

»HILFE!«

»ICH KANN NICHTS TUN.«

»ICH HABE KEINE KONTROLLE.«

»ES IST SINNLOS.«

HERZ

UNRUHE

SICH WIE GELÄHMT FÜHLEN

LEERE

WENIG GEZIELTE AKTIVITÄT

WEGWEISER

ES GIBT KEINE EMPFEHLUNG!

Ohnmacht hat keinen eigenen Impuls oder Handlungsvorschlag, deshalb entsteht daraus oft Wut, Schuld oder ein anderes Folgegefühl, damit wenigstens irgendetwas passiert. Wir tun dann irgendwas und merken, dass es auch nicht hilft, weil es nun mal im Leben Situationen gibt, die sich nicht ändern lassen. Aus diesem verzweifelten Tun heraus kann eine Spirale entstehen, in der wir dann immer wieder in der Hilflosigkeit landen und irgendwann verzweifeln, weil wir doch eigentlich so viel machen, uns aber trotzdem weiterhin hilflos und ohnmächtig fühlen.

Aus Ohnmacht können andere Probleme entstehen wie Depressionen oder Zwangsstörungen. Wenn wir in einer psychischen Ausnahmesituation – beispielsweise bei einer traumatischen Erfahrung – von Ohnmacht und Hilflosigkeit überwältigt werden, können wir auch eine sogenannte posttraumatische Belastungsstörung entwickeln. Diese ist unter anderem dadurch geprägt, dass sich ungewollt immer wieder Erinnerungen an die schlimme Situation aufdrängen. Und das macht uns schnell hilflos.

Grundannahmen, die bei Hilflosigkeit aktiviert werden, sind beispielsweise: »Die Welt ist unberechenbar«, »Ich bin unwichtig« oder »Ich bin zu nichts nutze«.

GEFÜHLE AUSHALTEN, LEISER ODER LAUTER STELLEN

Gefühle sind wie Songs, die im Hintergrund mitlaufen. Wir können lernen, ihnen zuzuhören und sie lauter oder leiser zu stellen. Sie abzustellen ist auf Dauer nicht sinnvoll und auch selten möglich. Manchmal drücken wir die Gefühle so sehr weg, dass sie fast verstummen, aber eigentlich sind sie Begleiter und Wegweiser, die uns in den jeweiligen Situationen beraten.

GEFÜHLE ERKENNEN

Es kommt selten vor, dass wir uns mit unseren Gefühlen bewusst auseinandersetzen, da sie ja irgendwie immer da sind und zu uns gehören. Bewusst merken wir unsere Gefühle meist dann, wenn sie sehr stark, unangenehm oder schmerzhaft sind oder wenn sie nicht so richtig zur Situation zu passen scheinen.

In uns sind von Geburt an alle Emotionen vorhanden, mit dem dazugehörigen Kopf, Herz und Wegweiser. Weiter oben in diesem Kapitel hast du die typischen Eigenschaften der einzelnen Gefühle kennengelernt, da jedes Gefühl eine eigene Kombination aus Kopf, Herz und Handlungsimpuls hat.

An dieser Kombination können wir unsere Gefühle erkennen. Allerdings sind wir nicht immer in der Lage, zu erkennen, welches Gefühl wir gerade haben. Es ist dann ein bisschen so, als würde ein Song in einer fremden Sprache laufen. Wir hören ihn, aber wir verstehen nicht, worum es geht – ist es ein trauriger Text oder ein fröhlicher? Wir spüren zum Beispiel eine innere Aufregung oder Unruhe und können sie nicht zuordnen. Oder es gibt einen Gedanken, der die ganze Zeit in unserem Kopf kreist, und wir wissen nicht, warum.

Deshalb ist es wichtig, zu wissen, dass bei jedem Gefühl immer Kopf, Herz und Wegweiser zusammen auftreten. Wir achten nur meistens nicht so genau darauf. Es kann natürlich auch einen Zustand von Ausgeglichenheit, Zufriedenheit oder Gelassenheit geben. Das sind emotionale Zustände, in denen nicht so viel wahrnehmbar ist, die aber gleichzeitig Ruhe bedeuten und von uns als angenehm erlebt werden. Ein bisschen wie eine leise, entspannende Melodie im Hintergrund.

JETZT DU Nimm dir kurz Zeit und überlege, ob du gerade ein Gefühl hast und, wenn ja, welches. Schreibe deine Gedanken, Körperreaktionen und deinen Handlungswunsch vielleicht sogar auf. Hast du eine Idee, welches Gefühl es sein könnte? Nimm ruhig die Informationen aus Arbeitsblatt 2 zur Hilfe, auf dem alle Grundgefühle noch mal übersichtlich aufgelistet sind. Falls es dir schwerfällt, deine Gefühle überhaupt wahrzunehmen, kannst du auch erst mal damit starten, jeden Tag darauf zu achten, ob du überhaupt Emotionen bemerkst. Und dann kannst du Schritt für Schritt üben, sie anhand der Gedanken, Körperreaktionen oder des Handlungswunsches zu erkennen.

DER RICHTIGE UMGANG MIT DEM WEGWEISER

Vorwärts, zurück, bleiben, das sind die drei Richtungen, die uns unser Gefühl über den Wegweiser als Handlungsempfehlung vorgeben kann. Manchmal haben wir dabei – wie bei den Mischgefühlen – ein bisschen Chaos, weil zwei gegensätzliche Gefühle vorhanden sind.

Oder wir stellen fest, dass es aus unterschiedlichen Gründen nicht gut wäre, auf den Wegweiser zu hören. Oder wir wissen, dass es genau richtig wäre, einfach auf den Wegweiser zu hören, machen aber dennoch genau das Gegenteil – vielleicht, weil wir uns nicht wichtig nehmen oder weil wir damit überfordert sind, dem Handlungsimpuls zu folgen.

Wenn wir ein Gefühl haben, dann können wir dem Wegweiser also entweder folgen oder nicht folgen. Dem Wegweiser blind zu vertrauen ist allerdings nicht immer der richtige Weg. Es gibt Situationen, in denen genau das falsch wäre und wir eigentlich in die andere Richtung gehen sollten.

> Mia hat große Angst vor Prüfungen. Morgen früh schreibt sie eine Physikklausur. Sie hat sehr viel dafür gelernt und sich eigentlich gut vorbereitet. Aber die Angst meldet sich ganz deutlich am Abend vorher. Der Kopf sagt: »Das schaffst du nicht, du hast in der Klausur bestimmt wieder alles vergessen!« Mias Herz schlägt schneller und ihr wird etwas übel. Der Kopf sagt: »Na Glückwunsch! Wenn dir jetzt schon übel ist, wird das morgen ganz bestimmt nichts!« Mia wird ganz warm, während ihr Herz noch schneller zu pochen beginnt. Da schaltet sich der Wegweiser ein, um eine Lösung anzubieten für diesen anstrengenden Zustand: »Also, wenn ich den Kopf und das Herz so höre, dann bleib mal lieber zu Hause. Volle Fahrt zurück!«
>
> Mia könnte auf ihr Angstgefühl und vor allem den Wegweiser hören, schließlich passt das alles gut zusammen. Sollte sie das tun?

Damit stellt sich die Frage: Wann sollen wir dem Vorschlag unseres Wegweisers folgen und wann nicht? Und wie entscheiden wir das? Denn darüber regulieren wir unsere Gefühle.

Dem Wegweiser zu folgen macht in diesen Fällen Sinn:

Wenn das Gefühl zur Situation passt. Wir haben eine schlechte Note bekommen und wissen, dass wir jetzt den Abschluss nicht schaffen werden. Wir sind also traurig, weil wir etwas Wichtiges nicht erreichen werden. Das Gefühl passt zur Situation, und die Bewertung, die das Gefühl ausgelöst hat, stimmt in diesem Fall auch. Zu Hause auf dem Bett zu sitzen, mit niemandem sprechen zu wollen und zu weinen ist also völlig angemessen.

Wenn wir nicht zu gestresst sind. Solange wir das Gefühl haben, noch kontrolliert und überlegt mit dem Wunsch des Wegweisers umgehen können, spricht nichts dagegen, dem Handlungsimpuls zu folgen. Wenn wir weinen wollen, weil wir eine schlechte Note bekommen haben, spricht nichts dagegen.

Wenn es keinen langfristigen Schaden bei uns oder anderen verursacht. Wenn wir weinen, weil wir unseren Abschluss nicht schaffen, dann hat das Weinen oder das Trostsuchen keine negativen Folgen für uns oder andere.

Dem Wegweiser nicht zu folgen macht in diesen Fällen Sinn:

Wenn das Gefühl nicht zur aktuellen Situation passt. Das kann vorkommen, wenn es sich zum Beispiel um ein Gefühl aus unserer Vergangenheit handelt, wenn uns ein Geruch an etwas Trauriges erinnert, was aber schon sehr lange her ist. Oder wenn unser Kopf sich bei der Bewertung der aktuellen Situation geirrt hat: »Oh, doch kein Einbrecher! Es ist nur der Schatten vom Baum am Fenster.« Dann beispielsweise wegzulaufen ergibt keinen Sinn.

SOLL ICH MEINEM GEFÜHLSWEGWEISER FOLGEN?

Wenn das Gefühl so stark ist, dass wir es kaum noch aushalten oder fast die Kontrolle verlieren. Das kann vorkommen, wenn wir vielleicht eh einen schweren Tag hatten oder wegen irgendwas sensibler sind als sonst – Kopfschmerzen, Hunger, Hormone, Stress usw. Unwohlsein oder Schmerzen können Gefühle stärker machen, als sie vielleicht sonst in der gleichen Situation wären. Bestimmt hast du auch schon mal erlebt, dass du wegen irgendetwas plötzlich weinen musstest und im Nachhinein gedacht hast: »Was war denn da mit mir los?« Insbesondere emotional verletzliche Menschen erleben ja schnell sehr starke Gefühle.

Dann müssen wir genau schauen, ob wir in diesem Moment noch vernünftig handeln können. Wenn zum Beispiel ein kurzes Ärgern angebracht wäre, wir aber vom Wegweiser den Handlungsvorschlag bekommen, einen Stuhl zu werfen, weil wir auf einmal so extrem wütend sind, dann sollten wir lieber nicht dem Wegweiser folgen!

Wenn es uns oder anderen langfristig Schaden zufügen würde. Wenn wir beispielsweise zu Recht wütend auf den Lehrer sind, der Handlungsvorschlag aber ist, ihn zu verhauen, würden wir sowohl uns als auch ihm Schaden zufügen. Das Verhalten würde dann sehr negative Konsequenzen haben. Auch wenn unsere Wut dann vielleicht wieder abklingen würde, hätten wir das nächste Problem.

Wenn das Gefühl zur Situation passt, heißt das nicht automatisch, dem Wegweiser zu folgen. Das ergibt erst dann Sinn, wenn zugleich noch Kontrolle möglich ist und niemandem dadurch langfristig geschadet wird.

Die linke Abbildung findest du auch auf Arbeitsblatt 3. Wenn du magst, kannst du sie irgendwo hinhängen, wo du immer mal wieder hinschaust.

Für viele von uns ist es die größte Herausforderung beim Umgang mit Gefühlen, die Entscheidung zu fällen, ob wir unserem Gefühlswegweiser folgen sollen oder nicht. Dabei kann uns helfen, zu überlegen, was jemand anderes wohl in derselben Situation tun würde.

Wen fragen wir um Rat? Es kann sehr hilfreich sein, sich einen inneren Ratgeber zuzulegen, den wir bei der Entscheidung zur Regulation unserer Gefühle zurate ziehen können.

Überleg dir am besten jemanden, der gut mit Gefühlen umgehen kann. Vielleicht jemand aus deinem Umfeld oder deiner Familie, Hermine aus »Harry Potter«, dein Serienheld, dein Lehrer, Jesus, deine beste Freundin, dein bester Freund? Wie würde dein innerer Ratgeber an deiner Stelle entscheiden?

Faktencheck Was zusätzlich zu einem inneren Ratgeber bei der Entscheidung bezüglich des Wegweisers helfen kann, sind Fakten.

Unser Gefühl färbt unsere Wahrnehmung der aktuellen Situation ein. Das kann sehr unterschiedlich sein, je nachdem, ob wir traurig, fröhlich, wütend oder etwas anderes sind. Das Gefühl an sich ist aber immer überzeugt davon, dass wir dem Wegweiser folgen sollen. Weder das Herz noch der Wegweiser selbst können unserem Gefühl widersprechen.

Nur der Kopf kann das Gefühl infrage stellen. Und das geht, indem er die Fakten überprüft. Der Kopf kann sich fragen: »Ist das so, wie Herz und Wegweiser sagen, oder nicht?« und dann abwägen, was dafür und was dagegen spricht. Es kann also sehr lohnenswert sein, sich hinzusetzen und die Fakten einer emotionalen Situation zu betrachten, vielleicht sogar aufzuschreiben.

TRINE: ***Wenn ich zum Beispiel in einem Moment sehr stark die Angst spüre, verlassen zu werden, kann ich sie besser aushalten, wenn ich sie in meinem Kopf durch ein Prüfverfahren schicke. Ich zähle die Fakten der aktuellen Situation oder Beziehung auf und prüfe dadurch, wie realistisch mein Gefühl gerade ist. Dadurch gelingt es mir besser, stabile Beziehungen zu führen und impulsiven Handlungsvorschlägen nicht nachzugeben.***

> Aliyah schreibt ihrem besten Freund Piet eine Nachricht und erzählt von einem Streit mit ihrer Schwester. Aliyah ist sauer und enttäuscht von ihrer Schwester und sie wünscht sich Unterstützung von Piet. Sie sieht, dass Piet die Nachricht fast sofort gelesen hat, aber er antwortet seit einer Stunde nicht darauf. Und zack ist da das Gefühl! Der Kopf sagt: »Du bist ihm vermutlich nicht so wichtig. Stellst dich ja auch immer an mit deinen Problemchen!« Das Herz fängt an, schneller zu schlagen, Aliyah wird warm und sie hat einen Kloß im Hals. Der Wegweiser sagt: »Der interessiert sich nicht für mich. Blockier ihn!« Das Gefühl ist vermutlich eine Mischung aus Enttäuschung und Traurigkeit. Plötzlich schaltet sich der Kopf ein: »Moment mal. Piet war bisher immer für mich da. Was könnte es denn noch für Gründe geben, dass er noch nicht geschrieben hat?«

JETZT DU Nimm dir kurz Zeit und schreibe alle Gründe dafür auf, dass Piet Aliyah nicht gleich zurückgeschrieben hat. Alles, was dir einfällt. Du wirst merken, dass es sehr unterschiedliche Gründe geben kann für so ein Verhalten. Unser Gefühl rät uns aber meist nur zu einer einzigen Sache und kann damit total falsch liegen.

GEFÜHLE LEISER STELLEN

Wenn wir feststellen, dass einer oder mehrere der Gründe vorliegen, dem Wegweiser besser nicht zu folgen, dann müssen wir lernen, unser Gefühl leiser zu stellen. Das bedeutet nicht, es abzustellen. Es geht nur darum, dem Handlungsvorschlag nicht zu folgen und gleichzeitig das Gefühl nicht zu ignorieren. Somit gilt beim Leiserstellen das Motto: Tu genau das Gegenteil von dem, was dein Gefühl dir sagt.

Das können wir schaffen, indem wir versuchen, etwas anderes zu denken, als das Gefühl vorschlägt, unsere Körperhaltung zu verändern oder aber das Gegenteil von dem zu tun, was uns das Gefühl als Handlungsvorschlag gibt.

Wenn wir entgegen unserem Gefühl handeln, fühlt sich das extrem merkwürdig oder auch falsch an. Das Gefühl kann schnell ganz stark werden. Oft entsteht sogar Scham oder Wut, damit wir damit aufhören und einfach das tun, was uns das Gefühl gesagt hat. Gefühle wollen uns nun mal überzeugen, dass sie recht haben.

Wir werden uns jetzt im Einzelnen das Leisestellen der Grundgefühle ansehen.

Tipp: Zwei Sätze, die bei allen Gefühlen helfen, an die Regulation ruhiger und kontrollierter heranzugehen, lauten:

»Ich habe das Gefühl, und das ist in Ordnung, denn es ist ja nun mal da.«

»Ich muss nicht sofort so handeln, wie es mein Gefühl mir sagt.«

Diese Sätze können wir natürlich individuell anpassen, je nachdem, welche Worte für uns stimmig klingen. Wichtig ist, dem Gefühl Akzeptanz entgegenzubringen und den Handlungsdruck des Gefühls abzumildern.

TRINE: *Es macht Sinn, das Leisestellen zu üben, bevor wir in dem Gefühl drin sind, also sozusagen Trockenübungen zu machen. Dabei kam ich mir am Anfang albern vor. Aber geholfen hat es mir langfristig total.*

NOCH MAL IN KURZ Wenn wir das Gegenteil von dem tun, was uns das Gefühl rät, fühlt sich das oft falsch oder irritierend an. Trotzdem nicht damit aufhören! Wenn wir entschieden haben, dass es keinen Sinn macht, das Gefühl so zu lassen, wie es in dem Moment ist, dann dürfen wir dagegen etwas tun. Das Gefühl ist uralt und reagiert daher etwas langsam – es braucht ein bisschen, um zu kapieren, dass wir es gerade leiser stellen wollen.

WUT

Wut wird schnell sehr laut, und wir verlieren durch die enorme Kraft, die sie mit sich bringt, schneller die Kontrolle als bei anderen Gefühlen. Deshalb ist es für uns wichtig, zu wissen, wie wir unsere Wut leiser drehen können, denn sonst zerstören wir wichtige Dinge oder auch Beziehungen.

Folgende drei **LEISE-REGLER** sind **BEI WUT** möglich:

KOPF

»ICH MAG AN DER PERSON, AUF DIE ICH WÜTEND BIN ...«

»ICH BRAUCHE DIE PERSON NOCH IN MEINEM LEBEN.«

»ICH BERUHIGE MICH JETZT ERST MAL UND DANN KLÄRE ICH DAS.«

HERZ

TIEF IN DEN BAUCH ATMEN

≈

ZU BODEN GUCKEN

HÄNDE, ARME UND GESICHT ENTSPANNEN

:)

LÄCHELN

( )

FÄUSTE ÖFFNEN

--

AUGEN KURZE ZEIT SCHLIESSEN

WEGWEISER

ZURÜCK!

DIE SITUATION VERLASSEN

«

EINE KURZE PAUSE MACHEN

~

KALTES WASSER ÜBER DIE ARMEN LAUFEN LASSEN

DER PERSON, AUF DIE ICH WÜTEND BIN, ETWAS NETTES SAGEN, VERSTÄNDNIS AUSDRÜCKEN

TRINE: *Besonders bei der Wut ist es mir wichtig, sie leiser zu stellen, falls sie andere Gefühle überdeckt. Sie ganz zu unterdrücken, ist langfristig nicht sinnvoll, da die Wut sich dann bei mir irgendwann in noch stärkerer Form entlädt. Schwierig dabei finde ich, dass der Handlungsimpuls der Wut so schnell entsteht und mich mehr als bei anderen Gefühlen in große Schwierigkeiten mit anderen Menschen bringen kann, weil sie so zerstörerisch ist.*

Also wenn die Wut hochkommt, hilft es mir, meinen Körper zu entspannen, Arme locker zu lassen, Hände und Kiefer zu öffnen, tiefe Atemzüge zu nehmen und mir zu sagen: »Ich habe das Gefühl, und das ist in Ordnung, und gleichzeitig muss ich dem Wegweiser nicht folgen.«
Besonders vor Situationen, bei denen ich weiß, dass ich schnell wütend reagiere, mache ich »Trockenübungen« und überlege mir, wie ich was sagen kann.

ANGST

Ein so lautes und körperlich anstrengendes Gefühl wie Angst lässt sich nicht so einfach leiser stellen. Vielleicht erinnerst du dich daran, dass wir zwei Systeme in unserem Körper haben, die uns entweder hoch- (Sympathikus) oder runterfahren (Parasympathikus). Bei Angst ist der Sympathikus sehr aktiv, lässt zum Beispiel das Herz schneller schlagen. Den Gegenspieler, also den Parasympathikus, kannst du durch tiefes und langsames Atmen aktivieren. Das lange Ausatmen ist dabei entscheidend, nicht das tiefe Einatmen.

Wenn wir immer auf unsere Angst hören, obwohl keine Gefahr besteht, dann wird die Angst mit der Zeit immer größer. Deshalb müssen wir uns der Angst stellen.

Folgende drei LEISE-REGLER sind BEI ANGST möglich:

KOPF

»ICH BIN HIER SICHER.«

»ICH HABE SCHON GANZ ANDERE SACHEN GESCHAFFT, NÄMLICH ...«

»WENN ICH JETZT WEGLAUFE ODER VERMEIDE, DANN HAT DAS LANGFRISTIG DOOFE KONSEQUENZEN FÜR MICH ...«

HERZ

TIEF EINATMEN UND LANGE AUSATMEN

AUFRECHT HINSTELLEN

FESTEN STAND SUCHEN

MUSKELN ENTSPANNEN

LÄCHELN

(:

BLICK EHER NACH OBEN ALS NACH UNTEN RICHTEN

WEGWEISER

VORWÄRTS!

IN DER SITUATION BLEIBEN

DIE SITUATION AUFSUCHEN, DIE MIR ANGST MACHT, UND BEWÄLTIGEN

UNTERSTÜTZUNG MITNEHMEN

TRINE: *Wenn ich große Angst bekomme und kurz vor der Panik stehe, zum Beispiel in engen Räumen oder in Menschenmassen, dann denke ich, dass ich keine Luft mehr bekomme, dadurch atme ich schneller, mir wird schwindelig und die Angst größer. Wenn ich in so einer Situation bin, dann lege ich meine Hand auf den Bauch, atme tief ein und lange aus und sage mir immer wieder, dass es nicht bedrohlich ist, dass es mein Gefühl ist und ich es schaffe, das auszuhalten.*

TRAUER

Traurigkeit oder Trauer schwächen uns, indem sie uns sagen, dass wir uns zurückziehen und ausruhen sollen. Trauer lähmt uns, macht uns langsamer und schwächer. Oft brau-

Folgende drei **LEISE-REGLER** sind **BEI TRAUER** möglich:

KOPF

»ICH DARF FREUDE IN MEINEM LEBEN EMPFINDEN.«

»WIR HATTEN EINE SCHÖNE ZEIT. ICH KANN MICH GLEICHZEITIG DARÜBER FREUEN UND ÜBER DEN VERLUST TRAURIG SEIN.«

»DIE PERSON WIRD MIR IMMER WICHTIG SEIN. ICH DARF NEUE ERFAHRUNGEN MACHEN. DAS ÄNDERT DARAN NICHTS ...«

HERZ

AUFRECHT HINSTELLEN

LEICHTES LÄCHELN

:)

BRUST RAUS

TIEF DURCHATMEN

NACH OBEN ODER GERADEAUS SCHAUEN

WEGWEISER

VORWÄRTS!

NICHT HINLEGEN

SPORT MACHEN

»

SPAZIEREN GEHEN

»»

RAUSGEHEN

LEUTE TREFFEN

JEMANDEN ANRUFEN UND EINFACH REDEN

POSITIVE LIEBLINGSMUSIK HÖREN

LUSTIGE VIDEOS GUCKEN

chen wir diese Trauer, um Dinge zu verarbeiten. Es gibt aber Situationen, in denen wir gar nicht wissen, warum wir traurig sind, oder es gibt andere Gründe, die dagegensprechen, der Trauer in dem Moment noch mehr Raum zu geben. Dann wollen wir sie leiser stellen. Um das zu tun, hilft es, aktiv zu werden. Und noch besser: etwas tun, was uns Spaß macht. Auch wenn sich das sehr schräg anfühlen kann oder wir uns dabei schuldig fühlen.

EKEL

Ekel ist oft ein sehr körperliches Gefühl, weil es mit starker Ablehnung dessen einhergeht, was wir als schädlich einstufen. Oft ist uns übel und wir wollen weggucken, uns schütteln oder waschen. Ekel wird dann zum Problem, wenn gar nichts eklig ist und wir trotzdem Ekel empfinden. Das kann der Fall sein, wenn uns etwas oder eine Person sehr stört und wir keine Idee haben, wie wir damit umgehen können. Der Ekel will dann helfen, dass wir uns abwenden. Wenn aber in dem Augenblick gar nichts Schädliches passiert, ergibt es wenig Sinn, den Ekel ernst zu nehmen, und dann brauchen wir etwas, um den Ekel abzuschwächen. Ekel leiser zu stellen ist oft deshalb schwer, weil die Übelkeit sehr schnell aufkommt und uns fast zwingt, dem ekligen Reiz aus dem Weg zu gehen.

Manche Menschen ekeln sich aus unterschiedlichen Gründen auch vor sich selbst. Meist geht es da um schlechte Erfahrungen aus der Vergangenheit oder angebliche Standards, die wir aus unserer Sicht nicht erfüllen, wie zum Beispiel bei unserem Aussehen. Wenn wir solchen Ekel nicht leiser stellen, wirkt er sich irgendwann negativ auf unser Selbstbild aus. Denn wenn wir uns selbst als eklig einstufen, dann bewerten wir uns als abstoßend. Wir sind aber nicht eklig oder abstoßend. Somit sollten wir solche Ekel-Gefühle abschwächen, um uns nicht selbst kaputt zu machen.

> Tino hat einmal als Kind zu viel Sahne gegessen, als er Geburtstag hatte, sodass ihm übel war und er sich übergeben musste. Es ging ihm sehr schlecht, und sein Körper hat die Übelkeit mit dem Auslöser »Sahne« verknüpft, damit er nie wieder so etwas »Schädliches« isst.
>
> Heute, also Jahre später, kann Tino deshalb immer noch keine Sahne essen. Schon bei dem Geruch wird ihm sofort übel. Tino hat aber den großen Wunsch, in einer Bäckerei seine Ausbildung zu machen, und er wird dort dauernd mit Sahne zu tun haben.
>
> Er fängt Schritt für Schritt an, sich an die Sahne zu gewöhnen. Zunächst setzt er sich zu Hause hin und riecht immer mal kurz an der Sahne. Ihm wird sofort

übel, aber er sagt sich immer wieder: »Das ist nur mein altes Gefühl, die Sahne ist nicht schädlich. Es ist nur Milch.« Das probiert er immer wieder und merkt allmählich, dass sein Ekel weniger wird, auch wenn das dauert. Irgendwann hat sein Ekel gelernt, dass er Tino gar nicht mehr warnen muss, wenn es um Sahne geht. Tino hat sein Gefühl durch bewusstes »Leisestellen« verändert.

Folgende drei **LEISE-REGLER** sind **BEI EKEL** möglich:

KOPF

»ICH BIN OKAY, MEIN KÖRPER IST OKAY.«

+

»ICH BRAUCHE JETZT IM MOMENT NICHTS ZU TUN. ICH MUSS NICHTS. ICH MUSS MICH NICHT ÜBERGEBEN, WASCHEN. ICH KANN EINFACH SEIN.«

∞

»ICH MAG AN MEINEM KÖRPER ...« (ODER WENN DAS AM ANFANG ZU SCHWIERIG IST: »ICH FINDE ... AN MEINEM KÖRPER OKAY.«)

*

»DIE SITUATION JETZT IST ANDERS ALS DIE, AUS DER MEIN EKEL KOMMT«

*

»DAS IST NICHT SCHÄDLICH.«

HERZ

ENTSPANNE DEINE STIRN, LASS SIE GLATT UND WEICH WERDEN

≈

MACH DASSELBE MIT DER NASE, DEM MUND

ATME TIEF EIN UND AUS

RICHTE DICH AUF

↑

EISWÜRFEL LUTSCHEN

KAUGUMMI KAUEN

WEGWEISER

ZURÜCK! oder **STOPP!**

BESCHÄFTIGE DICH NEUTRAL ODER POSITIV MIT DEINEM KÖRPER ODER DEM REIZ, DER ÜBELKEIT AUSLÖST

~

GÖNNE DEINEM KÖRPER ETWAS SCHÖNES: CREME DICH EIN, MASSIERE DEINE SCHULTERN, HÄNDE ODER FÜSSE, LEG DICH IN DIE BADEWANNE ...

WENN ES UM ETWAS ZU ESSEN ODER ZU TRINKEN GEHT: BESCHÄFTIGE DICH MIT DEM GETRÄNK ODER NAHRUNGSMITTEL, ALS HÄTTEST DU ES NOCH NIE GESEHEN. BETRACHTE ES, RIECHE VIELLEICHT DARAN, PROBIERE EIN KLEINES BISSCHEN

SCHAM

Scham kann durch den Vorschlag des Wegweisers, uns zurückzuziehen, verhindern, dass wir uns überhaupt noch mit anderen treffen oder Dinge unternehmen. Wenn wir uns grundsätzlich für irgendwas an uns schämen, dann trauen wir uns nicht, uns so zu zeigen, wie wir sind. Das kann die zu hohe oder tiefe Stimme sein, das Gewicht, die Größe, die Fingernägel, die Ohren, die Haare, die Schuhgröße, der Gang usw. Uns fällt schnell etwas ein, wofür wir uns schämen. Scham leiser zu stellen ist aufgrund der körperlichen Auswirkungen nicht so leicht: Wir werden sehr schnell rot bei Scham, und das lässt sich auch nicht abstellen. Wenn wir aber Referate, Prüfungen oder Treffen vermeiden, weil wir oft rot werden oder uns wegen anderer Sachen schämen, dann wird die Scham immer größer werden. Wir bestätigen sie dadurch. Also – mit rotem Kopf trotzdem weitermachen und nicht die Situation verlassen oder meiden. Dann wird es mit der Zeit besser!

Folgende drei **LEISE-REGLER** sind **BEI SCHAM** möglich:

KOPF

»ICH BIN OKAY, WIE ICH BIN.«

★

»JEDEM MENSCHEN PASSIERT MAL EIN MISSGESCHICK.«

»ICH HABE AUCH SCHON ANDERE UNANGENEHME MOMENTE DURCHGESTANDEN, WIE Z.B. ...«

»ICH VERDIENE ES, MIT RESPEKT BEHANDELT ZU WERDEN.«

HERZ

RICHTE DICH AUF

↑

LASS DEINE SCHULTERN ENTSPANNT FALLEN

↓

BRUST RAUS

)

KOPF UND BLICK HEBEN

TIEF ATMEN

:)

LÄCHELN

WEGWEISER

VORWÄRTS! oder STOPP!

BLEIB IN DER SITUATION UND ZEIG DICH

SAG ETWAS ODER MACH ANDERS AUF DICH AUFMERKSAM

ERZÄHLE JEMANDEM, DEM DU VERTRAUST, VON ETWAS, FÜR DAS DU DICH SCHÄMST

SCHULD

Wenn wir uns schuldig fühlen, folgt darauf als logische Konsequenz, dass wir uns entschuldigen möchten, also die Schuld loswerden wollen. Wenn wir uns aber schuldig fühlen, ohne dass wir etwas falsch gemacht haben, dann sollten wir die Schuld leiser stellen und uns nicht entschuldigen. Schuld kann sonst sehr zerstörerisch werden, denn wenn wir etwas nicht rückgängig machen können oder gar nicht die Verantwortung für einen Fehler, Unfall oder Ähnliches haben, dann müssen wir auch nicht bestraft werden oder von der Schuld freigesprochen werden durch eine Entschuldigung. Wenn die Schuld das aber die ganze Zeit einfordert, wir dem aber nicht nachkommen können, dann macht uns das auf Dauer erschöpft, hilflos und hoffnungslos. Manchmal so sehr, dass wir das ganze Leben infrage stellen.

Folgende drei **LEISE-REGLER** sind **BEI SCHULD** möglich:

KOPF

»HÄTTE ICH DIE SITUATION WIRKLICH VERÄNDERN KÖNNEN? WER NOCH?«

»ES GIBT NICHT FÜR ALLES EINE ERKLÄRUNG. ICH BIN NICHT SCHULD DARAN.«

»WAS WÜRDE ICH MEINEM FREUND SAGEN, WENN ER SICH IN DIESER SITUATION SCHULDIG FÜHLEN WÜRDE?«

»ICH BIN OKAY. ICH BIN WIE ANDERE MENSCHEN AUCH. JEDER MACHT FEHLER.«

HERZ

RICHTE DICH AUF

LASS DEINE SCHULTERN SINKEN

BRUST RAUS

KOPF UND BLICK HEBEN

TIEF ATMEN

:)

LÄCHELN

WEGWEISER

VORWÄRTS!

GÖNN DIR ETWAS: EIN BAD, LIES EIN KAPITEL IN DEINEM LIEBLINGSBUCH, TANZ ODER SING ZU DEINEM LIEBLINGSLIED

SCHREIBE DIR EINEN BRIEF, IN DEM DU DIR VERZEIHST

SPRICH MIT JEMANDEM, DEM DU VERTRAUST, ÜBER DAS, WAS DIR SCHULDGEFÜHLE MACHT

Insbesondere wenn wir uns grundsätzlich schuldig fühlen, sollten wir also lernen, dieses Gefühl abzuschwächen. Niemand ist grundsätzlich schuldig, es kann sich aber durch schlimme Erlebnisse oder eine Häufung von vielen belastenden Dingen ein solches Schuldgefühl entwickeln, das sich dann auf unsere ganze Person bezieht.

Alle Strategien zum Leiserstellen der Gefühle findest du auch noch mal übersichtlich auf Arbeitsblatt 4.

GEFÜHLE LAUTER STELLEN

Die Gefühle lauter zu stellen, scheint auf den ersten Blick keinen Sinn zu ergeben. Warum sollten wir Gefühle noch stärker fühlen, als sie ohnehin schon sind?

Es geht hier nicht darum, Gefühle grundsätzlich zu verstärken, sondern darum, beispielsweise innerer Leere, Gleichgültigkeit oder Gefühllosigkeit etwas entgegensetzen zu können. Viele von uns – insbesondere die, die starke Gefühle haben – drücken ihre Gefühle eher weg, weil sie nicht genau wissen, wie sie sie regulieren sollen. Dadurch kann innere Leere entstehen. Manchmal ist das vielleicht ganz nützlich, auf Dauer aber unangenehm und fade. Bei chronischer innerer Leere wären wir vermutlich froh, wenn wir wieder ein Gefühl hätten.

Wir werden hier nicht auf alle Gefühle noch mal extra eingehen, denn bei einigen macht das Lauterstellen wenig Sinn oder wird nur sehr selten gebraucht. Ähnlich wie bei der Freude, nur andersherum – die wollen wir ja auch selten leiser stellen. Deshalb fehlen hier Hinweise zum Lauterstellen von Ekel, Scham und Schuld.

Grundsätzlich gilt beim Lauterstellen von Gefühlen: Tu das, was dir dein Gefühl sagt! Wir gehen hier jetzt auf die Gefühle ein, bei denen uns das Lauterstellen schwerfällt oder die wir lieber ganz wegdrücken. Du findest die Strategien zum Lauterstellen der Gefühle auch noch mal übersichtlich auf Arbeitsblatt 5.

WUT

Wut ist nicht sofort offensichtlich das Gefühl, das wir gerne lauter stellen wollen, weil sie uns meist schon laut »anbrüllt«, wenn sie entsteht.

Das Lauterstellen von Wut ergibt dann Sinn, wenn es uns grundsätzlich schwerfällt, anderen Grenzen zu setzen oder Wut zu zeigen. Vielleicht macht es uns Angst, wütend zu sein, und wir sind eher Profi darin, sie leiser zu stellen. Das ist grundsätzlich nicht falsch. Und gleichzeitig überschreiten dadurch andere vielleicht auch öfter unsere Grenzen oder bemerken sie erst gar nicht.

Folgende drei LAUT-REGLER sind BEI WUT möglich:

KOPF

»ICH HABE EIN RECHT DARAUF, MEINE GRENZEN ZU SETZEN.«

/

»ICH MÖCHTE ERNST GENOMMEN WERDEN.«

!

»ICH DARF MICH WEHREN ODER SAGEN, DASS MICH ETWAS STÖRT – SO WIE ALLE ANDEREN AUCH.«

HERZ

FÄUSTE BALLEN

PERSON ANGUCKEN

LAUT UND DEUTLICH SPRECHEN

SCHULTERN GERADE

AUFRECHT UND FEST STEHEN

WEGWEISER

VORWÄRTS!

SAG, WAS DICH STÖRT: »ICH FÜHLE MICH NICHT ERNST GENOMMEN, WENN …«; »ICH ÄRGERE MICH DARÜBER, DASS …«

LAUTE, KRAFTVOLLE MUSIK HÖREN

ALLES AUFZÄHLEN, WAS MICH ÄRGERT

> Marvin verbringt sehr viel Zeit mit seinem besten Freund Friedrich. Meistens haben sie eine gute Zeit zusammen, allerdings kommt Friedrich oft zu spät. Das nervt Marvin schon sehr lange. Außerdem leihen sich die beiden oft gegenseitig Klamotten aus, wobei Friedrich meist vergisst, die Sachen zurückzugeben. Das nervt Marvin auch tierisch! Er traut sich nicht so richtig, mal auf den Tisch zu hauen und Friedrich zu sagen: »Das stört mich total. Nimm bitte mehr Rücksicht auf mich!« Deshalb hält er den Frust einfach aus. Irgendwann ist er immer häufiger genervt von Kleinigkeiten bei Friedrich und stellt die Freundschaft sogar ganz infrage. Als er das Friedrich sagt und ihm die Gründe erklärt, fällt dieser aus allen Wolken. »Warum hast du das nicht früher gesagt?«

Weggedrückte Wut kann somit auch dazu führen, dass sie irgendwann andere Gefühle erstickt. So kann das Gefühl von Zuneigung auf einmal verschwinden, obwohl wir eigentlich jemanden sehr mögen. Viele Menschen haben davor Angst, Wut oder Ärger überhaupt zu zeigen, aus Sorge, damit zwischenmenschliche Beziehungen zu gefährden. Dabei ist es oft andersherum: Wenn wir es schaffen, wenigstens ab und zu auch mal Grenzen zu ziehen, auf angemessene Art und Weise Bedürfnisse oder Kritik zu äußern, dann erhalten wir uns Freundschaften oder Beziehungen eher, als dass wir sie kaputt machen.

ANGST

Angst ist eine Emotion, die wir normalerweise nicht lauter stellen wollen oder müssen. Sie warnt uns vor Gefahren und schützt uns davor, uns in gefährliche Situationen zu begeben.

Es kann aber vorkommen, dass wir die Gefahr von Situationen oder Kontakten unterschätzen. Das wäre vermutlich der einzige Fall, in dem wir die Angst lauter stellen sollten. Dabei hilft es, uns die Risiken bewusst zu machen, indem wir auch andere um Rat fragen, wie sie etwas sehen oder einschätzen. Manchmal übersehen wir Gefahren auch, weil wir etwas nicht wahrhaben wollen und es gern anders hätten.

TRAUER

Bei Trauer würden wir jetzt vermutlich auch nicht gleich sagen: »Oh ja! Ich möchte unbedingt trauriger sein!«

Vielleicht haben wir aber schon mal erlebt, dass wir gern weinen wollten und es nicht ging oder dass etwas eigentlich Trauriges passiert ist, wir aber nicht an das Gefühl rankommen und uns eher taub und leer fühlen. Das kann bei Traurigkeit nämlich schnell passieren. Wenn wir also aus diesen Gründen »gerne« unsere Traurigkeit lauter stellen möchten, sollten wir dafür eine feste Zeit einplanen und nicht einfach loslegen.

Nimm dir eine Stunde Zeit und schau dir Fotos an, höre traurige Musik, liege dabei im Bett und weine. Und stell dir vorher einen Wecker, der nach einer Stunde klingelt, damit du dann wieder aufstehst und dich ablenkst oder etwas Schönes machst. Das klingt erst einmal komisch, ergibt aber Sinn. Bei Traurigkeit ist es nämlich wichtig, immer mal einzutauchen und dann aber auch wieder etwas anderes zu machen.

Wenn wir sehr traurig werden, kann es auch sein, dass wir die Hoffnung verlieren oder lebensmüde Gedanken bekommen. Spätestens dann ist es an der Zeit, mit jemandem darüber zu sprechen.

Folgende drei **LAUT-REGLER** sind **BEI TRAUER** möglich:

KOPF

AN TRAURIGE ERLEBNISSE DENKEN ODER DIE PERSON, DIE MIR FEHLT

»ICH WÜRDE MIR SO SEHR WÜNSCHEN, DASS ES ANDERS WÄRE.«

»WARUM PASSIERT MIR DAS?«

+

»ICH DARF TRAURIG SEIN, DAS IST NICHTS GEFÄHRLICHES.«

HERZ

HINLEGEN ODER HINSETZEN

GESICHT ENTSPANNEN

~

WEINEN

WEGWEISER

ZURÜCK! oder STOPP!

TRAURIGE MUSIK HÖREN

TRAURIGE FILME GUCKEN

AN EINEN RUHIGEN ORT GEHEN, SICH ZURÜCKZIEHEN

FOTOS ANGUCKEN, WENN Z.B. JEMAND VERSTORBEN IST

FREUDE

Freude ist ehrlicherweise eins der Grundgefühle, die wir selten leiser stellen wollen oder müssen, sondern eher behalten oder lauter stellen wollen. Freude lauter zu stellen wird häufiger gebraucht, ist aber nicht so leicht. Insbesondere, wenn wir uns sehr oft niedergeschlagen und lustlos fühlen, kann es ein Wunsch sein, wieder häufiger Freude zu erleben. Bei schweren Depressionen ist es eins der Therapieziele, überhaupt wieder Spaß an etwas haben zu können. Bei Depressionen reicht es leider oft nicht, einfach das Gefühl lauter zu stellen. Es braucht dann manchmal auch Psychotherapie, Bewegung und/oder Medikamente. Aber bitte nicht verwechseln: Traurigkeit ist nicht Depression. Und Freude lauter zu stellen ist auch kein Heilmittel bei dauerhafter Niedergeschlagenheit.

Solltest du aber auch so manchmal das Gefühl haben, dass in deinem Leben wenig Freude vorhanden ist, dann besteht vielleicht der Wunsch, das zu ändern. Wenn du also schon längere Zeit den Wunsch hast, mehr Freude zu empfinden, dann solltest du über Hobbys nachdenken oder wieder Dinge tun, die du mal gern gemacht und vielleicht längere Zeit vernachlässigt hast.

Folgende drei **LAUT-REGLER** sind **BEI FREUDE** möglich:

KOPF

AN SCHÖNE ERLEBNISSE DENKEN

»ES GEHT MIR GUT!«

AN ALL DIE DINGE DENKEN, DIE ICH MAG UND DIE MIR SPASS MACHEN

HERZ

ARME LOCKER AN DEN SEITEN HÄNGEN LASSEN, SCHULTERN ZURÜCK

:)

LÄCHELN ODER LACHEN

NACH OBEN SCHAUEN

WEGWEISER

VORWÄRTS!

POSITIVE MUSIK HÖREN

LUSTIGE FILME GUCKEN

RAUSGEHEN UND AKTIV SEIN

DEIN LIEBLINGSESSEN ODER -GETRÄNK ZU DIR NEHMEN

ETWAS TUN, WAS DIR SPASS MACHT

GEFÜHLE AUSHALTEN

Wenn weder das »Leiserstellen« noch das »Lauterstellen« funktioniert oder wir gar nichts machen wollen, dann haben wir noch eine weitere Möglichkeit, mit unseren Gefühlen umzugehen: erst einmal nicht reagieren. Das bedeutet, das Gefühl zu beobachten.

Zu beobachten, was es überhaupt für ein Gefühl ist, welche Veränderungen im Körper passieren oder was für Gedanken uns durch den Kopf gehen. Dabei ist es wichtig, das nicht gemein oder abwertend zu machen, sondern neugierig, interessiert und offen.

Während wir unser Gefühl beobachten, hilft es, immer wieder mal kurz die Aufmerksamkeit auf den Atem zu richten und ein paar Mal bewusst tief ein- und auszuatmen. Wenn möglich, den Atem sogar etwas zu verlangsamen, dadurch kann sich das Gefühl auch ein wenig beruhigen.

__TRINE:__ Das »Gefühle-Aushalten« mache ich zum Beispiel bei starker Anspannung durch Angst. Auch wenn es sich so anfühlt, als würde man das nicht überleben, ist es in der Regel keine bedrohliche Situation und daher nicht notwendig, dem Wegweiser der Angst zu folgen, sondern eher die Angst zu beobachten und nach und nach zu merken, dass sie weniger wird. Ich setze also selber das »Stopp!«. Am Anfang kam es mir albern und unvorstellbar vor, einfach ruhig zu atmen, obwohl ich so große Angst hatte. Aber mit der Zeit ist es mir besser gelungen, das zu üben, und es hat mir tatsächlich geholfen.
Oft versuche ich mich, erst mal abzulenken durch Musik oder Gespräche. Nette Sprachnachrichten zur Beruhigung von Familie und Freunden oder entspannende Musik oder Apps mit Atemübungen finde ich auch hilfreich, auch wenn das ja eher zum »Gefühle leiser stellen« gehört.

Wie geht das »Gefühle-Aushalten« ganz konkret? Hier kommt eine Anleitung:

> Tu nichts.
>
> Bleib sitzen und beobachte, was passiert.
>
> Mal wird der Wunsch, dem Wegweiser des Gefühls zu folgen, sehr stark werden. Dann kannst du das Gefühl in Gedanken oder laut benennen und ihm antworten: »Oh, hallo Angst. Du möchtest, dass ich jetzt aufstehe und gehe? Aber weißt du was? Nö! Ich bleib hier einfach sitzen.«
>
> Dann kommen vielleicht solche Gedanken dazu: »Oh, hallo Kopf! Du zählst mir auf, was gerade alles Schlimmes passieren könnte? Danke. Aber ich bleib hier trotzdem sitzen.«
>
> Dann atme zwischendurch immer mal wieder tief ein und aus. Und dann machst du wieder nichts. Wobei, nicht ganz – du beobachtest natürlich weiter, nimmst weiter wahr.
>
> Was ist das bloß für ein komischer Rat im Umgang mit Gefühlen – nichts machen? Ja, klingt absolut merkwürdig, funktioniert aber mit viel Übung. Wir können die Gefühle auch leiser oder lauter stellen, aber manchmal geht es auch darum, ein Gefühl aushalten zu lernen. Wir wissen ja auch nicht immer genau, was wir für ein Gefühl haben oder was wir damit machen könnten.

Das »Nichtstun« funktioniert deshalb so gut, weil ein Gefühl unfassbar viel Energie verbraucht mit seinen ganzen Gedanken, den Körperveränderungen und dem Ausrichten des Wegweisers zur Vorbereitung der Handlung. Das kann und will unser

Körper nicht sehr lange aushalten. Schon gar nicht, wenn eigentlich gar nichts los ist, zum Beispiel bei einem sehr starken Angstgefühl in einer ungefährlichen Situation.

Du kannst dir das ein bisschen so vorstellen wie zwei, die miteinander streiten:

> Du sitzt da und tust nichts außer zu beobachten.
>
> Dein Körper sagt sich dann irgendwann: »Sag mal, Angst, wofür mach ich den ganzen Zirkus hier mit dem schnellen Herzklopfen, Schwitzen und Gedankenrasen? Es ist seit bestimmt zehn Minuten überhaupt nichts passiert. Reicht langsam, oder?«
>
> Du sitzt da immer noch und beobachtest, wie dein Gefühl ein bisschen ruhiger wird.
>
> Die Angst wird aber erst mal sagen: »Ja, das kenn ich schon. Und gleich passiert doch was! Man kann sich nie sicher sein! Warte mal ab, das hab ich schon tausendmal erlebt. Wir müssen wachsam sein!«
>
> Du sitzt da immer noch und beobachtest, wie dein Gefühl wieder stärker wird. Du atmest bewusst ein paar Mal tief ein und aus.
>
> Dein Körper sagt: »Sorry, Angst, aber guck mal genau hin. Der Atem ist ganz tief und ruhig. Die Augen melden mir keine Gefahren. Das Herzrasen kostet wirklich viel Energie, das muss nicht sein. Ich glaube, es ist gerade nichts los, und wir können ein bisschen runterfahren.«
>
> Du sitzt da immer noch und beobachtest, wie dein Herz ruhiger schlägt.
>
> Die Angst will sich aber noch nicht geschlagen geben, vielleicht legt sie zwischendurch sogar eine Schippe drauf, und du merkst, wie sie kurz ein bisschen weniger und dann noch mal lauter wird: »Hast du das gesehen? Da hat sich was bewegt! O Gott! O Gott! O Gott! Lauf!«
>
> Du sitzt da immer noch und beobachtest, wie dein Gefühl wieder stärker wird.
>
> So geht das dann eine Weile, du wirst aber merken, dass diese Schwankungen immer weniger werden, bis sich das Gefühl irgendwann geschlagen gibt und abebbt. Und so hast du dein Gefühl dann reguliert, ohne wirklich etwas zu tun.

Aber nicht unterschätzen: Nichts machen klingt einfach, aber das kann anstrengend sein, denn Gefühle können sehr überzeugend sein und uns schnell dazu bringen, doch auf sie zu hören. Es braucht viel Übung.

JETZT DU Probiere das Aushalten eines Gefühls mal aus. Such dir ein paar Songs raus, die dich traurig machen. Höre sie dir an und beobachte, was passiert. Was macht dein Kopf, dein Herz, dein Körper, dein Wegweiser? Beobachte, was sich verändert im Verlauf. Bleibt das Gefühl immer gleich stark, schwankt es? Trau dich! Es kann nichts passieren, denn Gefühle sind sicherlich vieles, aber eines ganz und gar nicht: gefährlich. Entscheidend ist, wie wir mit ihnen umgehen.

TRINE: *Mittlerweile kann ich mit meinen schwankenden Gefühlen besser umgehen, weil ich mich viel mit ihnen auseinandergesetzt habe. Es war und ist schwierig, aber wirklich möglich, vor allem diesen extremen Schwankungen entgegenzuwirken.*

Hilfreich war für mich erst mal, diese Schwankungen zu bemerken, darüber zu lesen und sie zu verstehen. Durch viel Übung, vor allem auch beim Aushalten meiner Gefühle, kann ich mit meinen starken Gefühlen inzwischen besser leben. Mir hilft mittlerweile der Spruch »Ich akzeptiere das Gefühl, aber ich bin nicht das Gefühl« ganz gut. Diesen Satz habe ich mir wie ein Mantra ständig gesagt, habe ihn mir auf eine Karteikarte geschrieben und trage ihn immer bei mir. Besonders wenn ich gute Stimmung habe, ist es wichtig, ihn mir immer wieder vorzusagen, damit ich in einer schlechten Stimmung sofort an ihn denke.

WAS ZUSÄTZLICH HELFEN KANN

Emotionen zu regulieren ist nicht leicht und bedarf der Übung. Im Grunde genommen üben wir das alle jeden Tag.

Grundsätzlich fällt uns das Regulieren von Emotionen leichter, wenn wir ausreichend geschlafen haben, keine Drogen oder Alkohol zu uns nehmen und gesund sind, genug essen und trinken. Es ist wichtig, dass wir uns um unsere körperliche Gesundheit kümmern. Wenn wir beispielsweise Kopfschmerzen haben, dann ist die Laune automatisch schlechter. Oder wenn wir eine Nacht gefeiert haben, dann fühlen wir uns erschöpfter als sonst. Das alles hat einen Einfluss darauf, wie gut wir mit unseren Gefühlen in dem Moment klarkommen.

Das Gute ist, dass wir das meiste selbst beeinflussen können: Schlaf, Essen, Trinken, Konsum von Genussmitteln, unsere Fitness. Und wir können es ernst nehmen, wenn wir mal einen schlechten Tag haben, und uns dann nicht zusätzlich Stress machen, sondern uns eher schonen.

Hilfreich kann es auch sein, schöne Dinge zu planen. Insbesondere in stressigen Wochen brauchen wir einen Ausgleich, irgendwas, das uns aufbaut und entspannt. Tu dir was Gutes!

Bei den meisten Mädchen und Frauen spielt auch der Zyklus eine große Rolle bei emotionaler Verletzlichkeit und starken Gefühlen. Manche Frauen haben kurz vor ihrer Periode oder auch währenddessen Stimmungsschwankungen, Schmerzen, starke Traurigkeit, Gereiztheit oder Erschöpfung. Es ist wichtig, dies ernst zu nehmen und solche Einflüsse auf die Emotionsregulation nicht zu überspielen oder zu ignorieren. Das sind dann eben Tage, an denen wir ein bisschen mehr zu regulieren haben, mehr Ruhe brauchen, und auch solche Tage gehören zum Leben dazu.

Wenn du die Veränderungen in deinem Alltag, deinem Schlafrhythmus oder deinen Essgewohnheiten ernst nimmst und auf diese Dinge achtest, dann kann das eine große Wirkung auf deine Stimmung haben. Insbesondere Stimmungsschwankungen können dadurch gemindert werden.

JETZT DU Nimm dir mal eine Woche lang vor, auf eines oder mehrere Dinge bewusst zu achten: ausreichend zu schlafen, dich gesund zu ernähren, ausreichend zu trinken (ca. 1,5–2 Liter pro Tag), Sport zu machen und Schmerzen, Erkältungen und Krankheiten ernst zu nehmen und zu behandeln, wenn sie vorkommen. Beobachte, wie sich das Ganze auf deine Stimmung auswirkt.

TRINE: *Ich achte sehr auf meinen Schlaf. Wenn ich zu wenig schlafe, geht es eine Zeit lang von der Stimmung her gut, aber dann kippt es, und ich bin eher kaputt, gereizt und genervt. Wenn ich zu lange schlafe, werde ich eher depri und antriebslos. Alkohol ist für mich ganz anstrengend und schwierig, weil ich die Emotionen dann noch stärker empfinde, als ich es sowieso schon tue. Zu viele Reize und zu viel Lärm führen bei mir auch zu Anspannung, deshalb habe ich für Zug- oder Busfahrten immer Ohrstöpsel dabei, um mir eine Pause zu verschaffen. Bei der Tagesplanung versuche ich, mit zeitlichen Puffern zu planen, weil es mich sehr stresst, auf den letzten Drücker loszufahren, und wenn es doch passiert, dann gebe ich mir die Schuld und es geht mir schlecht. Es hat gedauert, bis ich verstanden habe, dass diese Dinge damit zu tun haben, wie es mir geht, und es mir helfen kann, mich darum zu kümmern.*

UMGANG MIT ANSPANNUNG

Bei Gefühlen kann es passieren, dass sie sehr stark werden und sich dann nur noch schwer kontrollieren lassen. Es kann auch sein, dass wir mit steigender Anspannung die Gefühle gar nicht mehr einordnen und dann natürlich auch nicht leiser oder lauter stellen können, weil wir nicht wissen, was wir leiser oder lauter stellen sollen.

WIE ENTSTEHT ANSPANNUNG?

Mit unseren Gefühlen umzugehen, geht nur bis zu einem gewissen Stresslevel. Wenn wir sehr gestresst, also hoch angespannt sind, handeln wir eher aus dem Moment heraus, ohne an die Konsequenzen zu denken. Je stärker ein Gefühl ist, umso angespannter werden wir – vor allem, wenn wir es ignorieren und nicht regulieren. Und je mehr Anspannung wir haben, umso weniger können wir noch bewusst leiser oder lauter stellen.

Bei einem starken Gefühl, bei dem wir nicht so richtig wissen, was wir damit tun können, entsteht mit der Zeit also immer mehr Anspannung. Das ist so ähnlich wie bei einem Gewitter. Innerhalb der Gewitterwolke kommt es zu immer mehr Spannung, die sich irgendwann in einem Blitz entlädt. Wenn jetzt diese Entladung nicht stattfindet, steigt die Anspannung immer weiter an, bis die Wolke sie nicht mehr halten kann und sich der Blitz dann noch stärker entlädt. Vielleicht hast du dich schon mal gestritten und bist dabei immer wütender geworden. Irgendwann werfen wir dann mit Dingen oder beleidigen unser Gegenüber ganz schlimm. Das ist dann wie der Blitz, der sich entlädt.

Im Nachhinein tut uns das dann leid, und bei geringerer Anspannung und Wut hätten wir viel rücksichtsvoller gehandelt. Deshalb ist es wichtig, sich mit den Anzeichen der eigenen Anspannung zu beschäftigen. Hohe Anspannung ist vor allem gekennzeichnet durch inneren Druck, Gedankenleere oder -chaos, Gefühlswirrwarr, Unruhe und hohe Impulsivität. Wir alle brauchen Ideen dafür, wie wir eine hohe Anspannung so weit wieder runterfahren können, dass wir mit unseren Gefühlen wieder kontrolliert umgehen können. Sonst passieren uns immer wieder Dinge, die wir gar nicht möchten, oder es kommt zu Selbstverletzungen oder Ähnlichem. Deswegen ist auch die Frage »Kann ich mich noch kontrollieren?« wichtig, wenn wir uns überlegen, ob wir dem Wegweiser bei einem Gefühl folgen wollen oder nicht.

EINFACHE DINGE TUN

Wenn wir hoch angespannt sind, können wir nicht mehr gut logisch denken. Wir werden hektischer, unruhiger und gereizter. Das Letzte, was wir bei Anspannung brauchen, ist jemand, der viel reden will. Wir selbst können dann oft nicht mehr richtig in Worte fassen, was wir fühlen oder meinen. Es ist dann einfach alles zu viel! Deshalb helfen beim Abbau von Anspannung auch nur ganz einfache Dinge, sie dürfen nicht zu schwierig oder kompliziert sein.

Wenn wir gar nicht mehr denken können, ist es wichtig, dass wir uns wieder in einen Zustand bringen, in dem wir logisch denken können. Denn nur der Kopf ist in der Lage, zu entscheiden, ob ich dem Gefühlswegweiser nun folgen soll oder nicht. Zu beachten ist, dass nicht eine kleine Sache allein ausreicht, um die Anspannung in den Griff zu bekommen. Meist ist es nötig, mehrere einfache Dinge hintereinander zu machen. Uns hilft oft Sport in Kombination mit etwas Beruhigendem im Anschluss, um die Anspannung zu reduzieren. Wenn wir wieder etwas entspannter sind, können wir uns den Gefühlen widmen.

Wir haben ein Arbeitsblatt zusammengestellt, auf dem du viele Beispiele für Dinge findest, die helfen, ruhiger zu werden, damit der Kopf wieder funktionieren kann (Arbeitsblatt 7). Solltest du öfter mit hoher Anspannung zu kämpfen haben, dann such dir ein paar davon aus.

Probiere sie immer mal wieder in unterschiedlicher Reihenfolge aus, bis du ein paar Dinge gefunden hast, die dir – nacheinander durchgeführt – helfen. Es ist wichtig, diese Dinge vorher schon mal irgendwo aufgeschrieben und geübt zu haben, damit du in hoher Anspannung darauf zurückgreifen kannst. Denn nachdenken kannst du dann ja nicht mehr.

JETZT DU Was hilft dir bei hoher Anspannung oder Stress? Musst du dich eher auspowern? Brauchst du dann eine kalte Dusche? Oder eine warme? Gehst du Fahrrad fahren oder mit dem Hund spazieren? Helfen dir fünfzig Liegestütze oder eher ein Rätselbuch? Versuche, drei, vier Dinge zu finden, die dir helfen, dich zu beruhigen.

TRINE: *Unbewusst habe ich lange Sachen gemacht, die mir in hoher Anspannung helfen sollten, aber nicht in einer bestimmten Reihenfolge, und ich habe sie auch nicht bewusst regelmäßig geübt. Es hat länger gedauert, bis ich verstanden habe, dass es eine Reihenfolge braucht und dass das Üben wichtig ist. Ich musste viel probieren, bis ich Dinge gefunden habe, die mir helfen. Deswegen dachte ich lange, das hilft nur anderen, nicht mir, und fand das alles unnötig und blöd. Mittlerweile habe ich Sachen gefunden, die für mich funktionieren, und ich habe eine kleine Nottasche, die in meine Handtasche passt, wo ich Sachen drinhabe, unter anderem Karten: Auf der einen steht die Reihenfolge der Dinge, die ich in hoher Anspannung machen möchte, auf der anderen die Anleitung zum Gefühle-Aushalten. Wenn ich sehr angespannt bin, sind kaltes Wasser über die Hände laufen lassen, kalt duschen und Bewegung Sachen, die mir helfen. Und es ist wichtig, zu wissen, was man dann macht, wenn man wieder besser denken kann, um an das Gefühl und den Auslöser wirklich ranzukommen. Dabei helfen mir oft Gespräche.*

NOCH MAL DAS WICHTIGSTE

In diesem Kapitel ging es um das Kennenlernen der einzelnen Grundgefühle und ihre Regulation. Wir haben uns alle Grundgefühle und einige Mischgefühle genauer angeschaut, um sie erkennen zu können. Den Schwerpunkt dieses Kapitels bildeten die wichtigsten Techniken zum Umgang mit diesen Gefühlen.

Die wichtigsten Erkenntnisse findest du hier noch mal zusammengefasst:

Jedes Gefühl bringt ganz eigene Gedanken, Körperreaktionen und einen Handlungsimpuls mit sich, woran sich das Gefühl erkennen und von anderen unterscheiden lässt.

Die sieben Grundgefühle sind Freude, Wut, Angst, Trauer, Ekel, Liebe und Scham. Alle weiteren Gefühle sind Mischgefühle aus diesen sieben.

Wenn wir lernen, die Grundgefühle zu erkennen und zu regulieren, dann können wir auch mit deren Mischungen besser umgehen.

Grundsätzlich hilfreich beim Umgang mit Gefühlen sind folgende Sätze: »Ich habe das Gefühl, und das ist in Ordnung, denn es ist ja nun mal da« und »Ich muss nicht sofort so handeln, wie es mein Gefühl mir sagt«.

Jeder Emotion geht voraus, dass wir die aktuelle Situation eingeordnet haben. Emotionen passieren nicht einfach. Vorher müssen wir eine Bewertung unserer Situation vorgenommen haben. Der Gedanke macht das Gefühl!

Um zu entscheiden, ob wir ein Gefühl besser leiser oder lauter stellen sollten, müssen wir drei Dinge einschätzen: Passt das Gefühl zur Situation? Habe ich mich noch unter Kontrolle? Schade ich mir oder anderen, wenn ich auf das Gefühl höre?

Fakten helfen uns, zu entscheiden, welche Regulation oder welcher Ausdruck des Gefühls gerade passt.

Wir haben bei allen Gefühlen drei Möglichkeiten, um sie zu verändern: leiser stellen, lauter stellen oder aushalten. Und das jeweils auf den drei Ebenen: Kopf, Herz, Wegweiser.

Neben dem sicheren Umgang mit unseren Gefühlen können wir durch das Beachten einiger Alltagsregeln unsere Anfälligkeit für starke Gefühle reduzieren. Dazu zählen ausreichend Bewegung, Essen und Trinken, positive Erlebnisse schaffen, sich um seine Gesundheit kümmern sowie ausreichend schlafen.

Bei sehr hoher Anspannung und Stress ist es uns nicht mehr möglich, mit unseren Gefühlen kontrolliert umzugehen. Deshalb benötigen wir Strategien, um uns aus dem Stress wieder rauszuholen, damit wir dann mit den Gefühlen angemessen umgehen können. Dabei reicht es, einige wenige einfache Tätigkeiten aneinanderzureihen, die dabei helfen, den inneren Druck zu reduzieren.

WIE SICH FAMILIEN, ANGEHÖRIGE UND JUGENDLICHE UNTERSTÜTZEN KÖNNEN

Die Gefühle schwanken. Das Verhalten ändert sich von einem Tag zum anderen oder manchmal auch von einer Stunde zur anderen. Gestern getroffene Absprachen werden heute wieder über den Haufen geworfen, weil es Wichtigeres gibt. Menschen, die uns heute fast lebenswichtig vorkommen, sind uns morgen egal. Es zählt der Moment und nicht das Morgen; langfristige Planungen machen keinen Spaß, und eigentlich steht der Spaß im Vordergrund. Anstrengung wird eher vermieden, Abhängen und Entspannen stehen im Mittelpunkt des Lebens. Einen Tag nervt die Schule, den anderen wollen wir wieder viel erreichen und sind total dabei. Regeln sind überflüssig, aber vor allem, wenn sie uns einschränken – wenn sich andere nicht an unsere Regeln halten, dann könnten wir ausflippen.

Anstrengend? Oh ja! – Deshalb geht es in diesem Kapitel darum, wie wir trotz allem im Gespräch bleiben können.

PROBLEME VERSTEHEN UND EINORDNEN

In der Pubertät geht es um Veränderung. Es ist die Entwicklung vom Kind zum Erwachsenen. Dass es da große Gefühlsschwankungen geben kann, ist nicht verwunderlich. Für Pubertierende ist das sehr anstrengend und häufig auch für das Umfeld. Viele Eltern oder Bezugspersonen erleben diese ganzen Veränderungen mit, wenn sie ein pubertierendes Kind haben. Die Pubertät ist auch die Phase, in der wir unseren eigenen Weg suchen und uns überlegen, was uns selbst als Person wichtig ist und was nicht. Wir probieren uns auf unterschiedlichste Art und Weise aus. Das bedeutet auch, mal über die eigenen Grenzen oder die anderer Menschen zu gehen, um eben diese Grenzen kennenzulernen. Kinder bekommen, wenn es gut läuft, ihre Grenzen aufgezeigt – meistens von den Eltern oder anderen Bezugspersonen, weil sie Risiken nicht ausreichend überblicken können. Als Jugendliche lernen wir, Risiken einzuschätzen und unsere eigenen Bedürfnisse und Regeln fürs Leben zu finden. Nicht selten unterscheiden sich diese von denen der Eltern. Und das bringt dann Konflikte oder wenigstens Spannungen mit sich.

So ist das in der Pubertät: anstrengend! Aber das ist völlig normal – auch für Jugendliche, die mit ihren Gefühlen gut umgehen können. Wenn wir uns zusätzlich noch einer Emotionsregulationsstörung neben unseren ohnehin schon starken Gefühlen in der Pubertät stellen müssen, bedeutet das, dass unsere Emotionen noch häufiger und stärker schwanken und noch größere Unsicherheiten mit der eigenen Identität hinzukommen können. Erwachsen werden und Emotionsregulationsschwierigkeiten haben sind für sich genommen schon schwierig und kräftezehrend genug. In der Kombination kann es sich unaushaltbar anfühlen.

Der erste Liebeskummer? Sowieso eine krasse emotionale Herausforderung! Wenn wir dann noch ein eher emotional verletzliches Temperament haben, erleben wir den Liebeskummer stärker als andere. So wie alle anderen Gefühle auch.

Pubertät + Liebeskummer + emotionale Verletzlichkeit = Herausforderung.

Pubertät + Liebeskummer + Emotionsregulationsstörung = Überforderung.

Wie soll man es denn auch bitte schaffen, mit den ganzen emotionalen Achterbahnfahrten der Pubertät umzugehen, wenn man sowieso schon damit überfordert ist, Gefühle zu regulieren?

Die Pubertät ist keine Entschuldigung für unangemessenes Verhalten, auch die Emotionsregulationsstörung ist das nicht. Und gleichzeitig entsteht durch die Kombination der beiden eine explosive Mischung, die kaum zu steuern ist, mit der alle Beteiligten aber lernen müssen, umzugehen.

ES KNALLT

Nicht selten fühlen sich Jugendliche von ihren Eltern nicht ernst genommen. Und nicht selten fühlen sich Eltern von ihren jugendlichen Kindern nicht respektiert. Es gibt viele Situationen im Laufe der Pubertät, in denen alle innerhalb der Familie an ihr Limit kommen.

Das passiert ganz besonders oft bei diesen drei Themen: Regeln, Unabhängigkeit, grenztestendes bzw. grenzüberschreitendes Verhalten.

REGELN

Da es zur Pubertät gehört, Regeln infrage zu stellen und eigene Grenzen zu testen, gleichzeitig aber noch keine Volljährigkeit besteht, gibt es bei diesem Thema schnell Konflikte zwischen Eltern und jugendlichen Kindern. Und trotz der Wichtigkeit des Grenzentestens sind Grenzen natürlich weiterhin notwendig.

In diesem Spannungsfeld zwischen Grenzen setzen und Freiheiten lassen sehen sich Eltern oft überfordert. Woran sollen sie sich denn auch orientieren, wenn das eigene Kind sich auf einmal völlig anders verhält als gerade eben noch? In vielen Familien lassen Eltern zunächst viel Freiraum und setzen auf die Vernunft ihrer Kinder, trauen ihnen viel zu. Wenn es dann irgendwann zu ersten Regelüberschreitungen kommt, neigen viele Eltern dazu, sehr streng zu reagieren – zum Teil übermäßig streng. Oft geschieht das aus Sorge oder Angst.

> Tim kommt später nach Hause, als mit seinem Vater verabredet. Der hat sich große Sorgen gemacht, weil Tim sonst immer pünktlich ist oder Bescheid sagt, wenn er sich verspätet. Tim hat sich an der Ecke noch mit seinem Freund verquatscht und einfach die Zeit vergessen. Dann hat er sich so beeilt, nach Hause zu kommen, dass er nicht daran gedacht hat, seinem Vater noch kurz eine Nachricht zu schreiben. Zu Hause angekommen kriegt Tim gleich die ganze Wut seines Vaters zu spüren, der ihn anschreit: »Warum kommst du denn so spät?

Kannst du dir vorstellen, was ich mir für Sorgen mache? Ist dir das alles egal?« Tims Vater ist so sauer, dass er Tim direkt verbietet, am Wochenende Zeit mit seinem Freund zu verbringen. Tim findet das ungerecht, da es das erste Mal ist, dass er zu spät kommt.

JETZT DU Wie siehst du das? Findest du Tims Vater zu streng? Sieht Tim das zu entspannt? Kannst du die Wut und Sorge des Vaters ein bisschen nachvollziehen? Und das Gefühl der Ungerechtigkeit bei Tim? Frag doch mal deine Familie, ob ihr euch gemeinsam Zeit nehmen könnt, um über die wichtigsten Regeln ins Gespräch zu kommen. Vielleicht schreibt jeder einmal auf, welche Regeln es überhaupt gibt und ob er die als zu streng oder zu locker erlebt. Gibt es Unterschiede? Und wenn ja: Warum denkt ihr, ist das so? Habt ihr Ideen für Kompromisse?

UNABHÄNGIGKEIT

Vielen Eltern ist bewusst, dass ihre Kinder eigene Erfahrungen machen müssen, und wollen sie darin auch bestärken. Sie versuchen, so gut es geht, ihnen den Freiraum zu geben, der dem Alter der Kinder entspricht. Das ist sehr oft mit Ängsten verbunden, da mit dem Ausprobieren von Neuem auch meist ein Risiko einhergeht. Die Angst kann dann schnell dazu führen, dass Freiheiten wieder eingeschränkt werden. Manche Eltern nehmen ihren Kindern sehr viele Aufgaben ab, sie fahren sie zum Sportverein, bringen sie zur Schule oder holen sie abends bei ihren Freunden ab. Bis zu einem bestimmten Alter ist das auch notwendig, ab einem bestimmten Alter ist es aber zu viel und nicht mehr angemessen.

Aber was ist »das bestimmte Alter«? Wo ist die Grenze zwischen zu viel Unabhängigkeit und zu viel Abhängigkeit? Das müssen die Eltern mit ihren Kindern gemeinsam herausfinden, indem die Erwachsenen den Jugendlichen Dinge zutrauen und die Jugendlichen sich dabei angemessen verhalten, ohne extreme Risiken einzugehen. Da das aber in den seltensten Fällen einfach passiert, ohne dass sich mal die eine oder die andere Seite unwohl oder ungerecht behandelt fühlt, ist das genau wie bei den Regeln schnell ein Thema, das Streit mit sich bringt.

Insbesondere die Angst der Eltern, dass das Kind die Risiken vielleicht falsch einschätzt, kann schnell dazu führen, dass sie ihr Kind nicht »loslassen«. Den Jugendlichen kann das schnell ein Gefühl von Unsicherheit geben: »Meine Eltern trauen mir das nicht zu, dann wird es wohl auch gefährlich sein!« Oder es wirkt sich auf das Selbstvertrauen aus, denn womöglich kommt folgender Gedanke auf: »Wenn nicht mal meine Eltern mir das zutrauen, wer denn dann?«

So bleiben Kinder bei manchen Themen länger in der Eltern-Kind-Abhängigkeit als notwendig. Das kann natürlich eine Gegenbewegung bei den Jugendlichen auslösen und sie versuchen, die Unabhängigkeit dann irgendwann zu erzwingen. Das kann beispielsweise durch bewusstes Umgehen von Regeln oder Absprachen passieren und führt dann natürlich dazu, dass Eltern die »Zügel wieder enger« ziehen. Der Stress ist vorprogrammiert.

TYPISCH PUBERTÄT ODER PROBLEMVERHALTEN?

Je nachdem, welche Regeln und welchen grundsätzlichen Umgang es in der Familie bezüglich Handynutzung, Drogen und Alkohol, Partys, Schule usw. gibt, werden sich auch die Einschätzungen, was »normal« ist und was nicht, von Familie zu Familie unterscheiden.

Hier gibt es keine klar festgelegte Definition, aber einige Hinweise, wann ein jugendtypisches Verhalten keines mehr ist und zu einem Problemverhalten wird. Im Blick haben sollten Jugendliche und Eltern oder Bezugspersonen dabei:

- Tritt das Verhalten oft auf oder nur vereinzelt?
- Hat das Verhalten negative Auswirkungen auf den Alltag?
- Schadet das Verhalten langfristig irgendjemandem oder besteht eine Gefahr?
- Hat der Jugendliche noch Kontrolle über sein Verhalten?
- Können beide Seiten miteinander sprechen, wenn es Sorgen oder Fragen gibt?

Eine große Herausforderung für Familien ist die Pubertät deshalb, weil sie gezwungen sind, neue Regeln und Grenzen miteinander auszuhandeln und festzulegen. Das erfordert, sich gegenseitig zu verstehen und miteinander zu sprechen. Das ist oft leichter gesagt als getan. Wenige Jugendliche sprechen gern mit den Eltern über ihre Gefühle oder Probleme. Und viele Eltern sprechen ebenso selten mit ihrem Kind über die Sorgen, die sie sich machen.

Somit brauchen Familien in der Pubertät und insbesondere Familien mit emotional verletzlichen Familienmitgliedern Ideen für Lösungen und ein paar Tipps. Einige stellen wir gleich vor. Sollte sich herausstellen, dass sich ein Problemverhalten entwickelt, beispielsweise zunehmender Drogen- oder Alkoholkonsum, benötigen Familien oder Jugendliche manchmal auch professionelle Unterstützung und Hilfe.

NOCH MAL IN KURZ Egal also, ob es um Regeln, Unabhängigkeit oder Grenzentesten geht, oft scheint es keine richtige Lösung für alle zu geben, weil sowohl Jugendliche als auch Eltern sehr nachvollziehbare, verschiedene Standpunkte haben. Das macht es schwer, auf einen Nenner zu kommen. Auf lange Sicht führt daher kein Weg daran vorbei, die unterschiedlichen Standpunkte zu akzeptieren und gemeinsam einen neuen Weg zu entwickeln. Dabei sollen die folgenden Ideen und Tipps helfen.

MITEINANDER KLARKOMMEN

Selbst wenn alle damit einverstanden sind, dass es in der Pubertät darum geht, dass das Kind sich langsam von den Eltern löst, heißt das nicht, dass damit jedes regelbrechende Verhalten geduldet wird. Sich trotz aller Unterschiede gegenseitig ernst zu nehmen und zu respektieren ist deshalb so wichtig, weil niemand an der aktuellen Situation schuld ist. Niemand kann etwas dafür, in die Pubertät zu kommen und auf einmal mit enormen Stimmungsschwankungen und Selbstzweifeln kämpfen zu müssen.

Niemand kann etwas dafür, dass sich das Ablösen des eigenen Kindes manchmal traurig und angsteinflößend anfühlt. Es kann sich auch erleichternd anfühlen, was bei manchen Eltern zu einem schlechten Gewissen führt, obwohl es ein nachvollziehbares Gefühl in dieser Situation ist. Wenn Kinder in der Pubertät Probleme bekommen, geben sich Eltern oft die Schuld, suchen bei sich nach Gründen und Fehlern. Oft haben dabei alle Beteiligten ein ähnliches Gefühl der Hilflosigkeit.

Um gemeinsam durch diese Zeit gehen zu können, sind mehrere Dinge hilfreich, sowohl im Kontakt miteinander als auch bei jedem Beteiligten selbst.

IM GESPRÄCH BLEIBEN

Immer wieder bist du genervt von deinen Eltern? Immer wieder gibt es Stress wegen der gleichen Sachen? Du hast das Gefühl, dass dich niemand mehr versteht? Und deine Eltern haben das Gefühl, es immer nur falsch zu machen?

Das ist vermutlich auf Dauer einfach nur noch anstrengend für alle. Deshalb ist es wichtig, sich mit den Dingen auseinanderzusetzen, die helfen, den Umgang miteinander wieder entspannter und freundlicher zu gestalten, was das Finden von Lösungen und Kompromissen erleichtert. Im Gespräch miteinander sind folgende Tipps hilfreich.

Sich gegenseitig ernst nehmen. Erst mal zuhören, was das Gegenüber sagt. Das klingt simpel, ist es aber leider überhaupt nicht. Und es ist extrem wichtig, weil es die Voraussetzung für alles Weitere ist. Wenn wir uns nicht verstanden fühlen, reden wir schnell dazwischen oder hören dem anderen gar nicht richtig zu, weil wir uns schon unsere nächsten Argumente überlegen. Also: Nur Hinhören. Und erst mal nichts sagen.

Ausreden lassen. Versuch, zu verstehen, wie es der Person dir gegenüber geht. Oft sind Ratschläge für das Gegenüber sogar störend, weil es erst mal nur loswerden möchte, wie es ihm geht, ohne dafür irgendeine Rückmeldung zu bekommen. Du darfst einfach ruhig sein und nur zuhören, ohne eine Lösung anbieten zu müssen. Wichtig ist, dass das für alle Beteiligten gilt. Sich gegenseitig ausreden lassen und zuhören erleichtert viel!

Belohnen. Wichtig im Gespräch ist es auch, seinem Gegenüber hin und wieder mal zu zeigen, dass es schön ist, mit ihm zu sprechen. Das kann ein Lächeln sein oder auch eine Bemerkung: »Danke, dass du mir das erzählst« oder »Ich hab dich lieb«. Viele Familien, in denen es oft Konflikte gibt, berichten, dass Gespräche irgendwann nur noch möglichst kurz geführt werden, damit es nicht zum Streit kommt. Da ist dann meist nur Zeit für die wichtigsten Infos, und freundliche Worte oder Gesten bleiben oft aus. Aber auf Dauer hilft es der Beziehung zueinander, wenn wir uns gegenseitig zeigen, dass wir uns viel wert sind. Manche Familien denken, dass es selbstverständlich ist, dass man sich wertschätzt und es deshalb nicht extra gesagt werden muss. Wenn sich aber Konflikte oder Fehlverhalten häufen, kann es passieren, dass jemand aus der Familie die gegenseitige Wertschätzung infrage stellt oder Angst hat, nicht mehr so geliebt zu werden. Jemandem mitzuteilen, dass es schön ist, mit ihm zu sprechen, ist immer richtig.

Interesse zeigen. Schau die Person an, mit der du sprichst. Leg das Handy woanders hin oder guck zumindest nicht drauf, während ihr miteinander sprecht. Mach nichts nebenbei, wenn du ein Gespräch führen willst. Konzentrier dich auf dein Gegenüber und das Gespräch. Das ist schnell umsetzbar und führt dazu, dass du deinem Gegenüber klar signalisierst: Es interessiert mich, was du sagst, und ich möchte dir zuhören.

Verständnis zeigen. Es ist wichtig, zu sagen, dass du verstanden hast, was dein Gegenüber meint. Solltest du es noch nicht verstanden haben oder nicht nachvollziehen können, dann frag nach.

Nachfragen. Auch das klingt simpel – aber in einem Gespräch nachzufragen, was unser Gegenüber meint, fällt sehr viel schwerer, wenn wir selbst das Gefühl haben, nicht verstanden zu werden. Und mal ehrlich: Manchmal wollen wir auch gar nicht verstehen, was die andere Person sagt. Das führt aber dann zu Konflikten.

Oft setzen wir im Gespräch mit jemandem, den wir lange kennen, fälschlicherweise voraus, dass er wissen müsste, was wir denken und fühlen. Daraus ziehen wir den Schluss, dass unser Gegenüber uns verstehen und im Zweifel sogar »Gedanken lesen« können müsste, weil wir uns so lange kennen. Und wenn sich dann der andere nicht so verhält, wie wir es erwarten, sind wir schnell enttäuscht. Deshalb ist so ein Abgleich im Gespräch immer wieder wichtig, um zu erfahren, ob wir wirklich verstanden haben, worum es dem anderen geht, und keine Missverständnisse entstehen.

Dadurch, dass du dem anderen zeigst, dass du verstanden hast, was bei ihm los ist, entspannst du die Situation und er fühlt sich ernst genommen.

Das fällt nicht immer leicht, weil wir manchmal die Reaktion des anderen nicht nachvollziehen können. Dann ist es wichtig, nicht so zu tun, als ob man sie versteht, sondern noch mal nachzufragen.

»Das kenne ich auch!« Wenn du dir vorstellen kannst, wie es deinem Gegenüber geht, dann sag es. Behalt es nicht für dich, wenn du verstanden hast, was der andere fühlt. So entsteht eine Verbindung zwischen euch und dadurch wird Wut oder sogar Streit abgemildert. Es fühlt sich sehr schön an, wenn jemand nachvollziehen kann, wie es uns geht.

Wenn der Streit schlimmer wird. Manchmal kann jeder im Gespräch sehr bemüht sein, und das Gespräch eskaliert trotzdem. Oder wir erwischen unser Gegenüber in einem blöden Moment. Dann geht es manchmal nur darum, die Situation nicht noch weiter hochzufahren oder – im besten Fall – sie sogar zu beruhigen.

Die »3 x du«-Regel. Wenn die Gefühle im Verlauf eines Streitgesprächs immer stärker werden, achten wir immer mehr nur auf uns selbst und unser Ziel in dem Gespräch. Die Anspannung steigt, und wir werden immer lauter und auch gemeiner. Wenn wir das rechtzeitig merken oder das Gefühl haben, dass unser Gegenüber immer wütender wird, hilft es, dreimal hintereinander nur etwas zu sagen, was deutlich macht, dass wir unser Gegenüber verstehen können. Das beruhigt Streitsituationen und verhindert, dass die Emotionen weiter hochfahren.

Maria möchte heute Nachmittag unbedingt das gerade erschienene Computerspiel spielen, müsste aber auch lernen und die Spülmaschine ausräumen. Als ihr Papa von der Arbeit kommt, entsteht das folgende Gespräch:

Maria: »Hallo Papa, ich würde jetzt gern das neue Spiel anfangen zu spielen.«

Papa: »Hast du denn schon alles erledigt?«

Maria: »Nein. Aber es kommt ja nicht jeden Tag die Erweiterung meines Lieblingsspiels raus, und den Rest kann ich nachher machen. Oder morgen ...«

Papa: »Auf keinen Fall! Ich will, dass du erst deine Aufgaben machst, sonst verdaddelst du wieder die Zeit beim Spielen.«

Maria: »Ich hab aber keinen Bock, immer erst diesen Scheiß zu machen! Ich kann meine Zeit schon selbst richtig einteilen!«

Papa: »Rede nicht in so einem Ton mit mir, dann kannst du dir das Spielen gleich ganz abschminken.«

Maria: »Spinnst du! Du hast mir gar nichts zu verbieten!«

Kommt dir das bekannt vor? Jetzt noch mal mit »3 x du«:

Maria: »Hallo Papa, ich würde jetzt gern das neue Spiel anfangen zu spielen.«

Papa: »Hast du denn schon alles erledigt?«

Maria: »Nein. Ich weiß, dass dir das wichtig ist, aber es kommt ja nicht jeden Tag die Erweiterung meines Lieblingsspiels raus. Den Rest kann ich nachher machen. Oder morgen ...«

Papa: »Auf keinen Fall! Ich will, dass du erst deine Aufgaben machst, sonst verdaddelst du wieder die Zeit beim Spielen.«

Maria: »Hast du das Gefühl, dass das im Moment öfter bei mir so ist?«

Papa: »Ja, schon irgendwie. Und dann bleibt der Rest liegen.«

Maria: »Okay, deine Sorge, dass ich das nicht schaffe, verstehe ich. Ich kann dir aber versprechen, dass ich meine Zeit richtig einteilen kann.«

Papa: »Okay, dann lass uns doch einen Kompromiss machen ...«

Vielleicht fällt dir schon beim Lesen des Dialogs auf, dass Marias Papa beim zweiten Durchlauf mit »3 x du« kaum eine Chance hat, noch wütender zu werden. Dadurch, dass Maria ihrem Papa zu verstehen gibt, dass sie auch seine Sicht nachvollziehen kann und seinen Wunsch mit ihrem verbindet, fühlt sich ihr Papa verstanden.

Vom Gegenüber verstanden zu werden beruhigt Gesprächssituationen sehr schnell, weil Verständnis füreinander unsere Beziehung zueinander stärkt. Und das ist ja das Gegenteil davon, sich weiterhin Vorwürfe zu machen.

JETZT DU Probier »3 x du« mal aus! Vielleicht nicht gleich in einem Streitgespräch, sondern in irgendeinem Gespräch mit jemandem. Denn »3 x du« gut zu üben ist für jeden hilfreich und braucht auch ein paar Versuche. Aber wie bei so vielen Dingen: Übung macht den Meister!

PAUSE MACHEN

Familien sollten sich darauf einigen, dass jeder eine Pause nehmen darf, wenn ihm das Gespräch zu schwierig oder zu viel wird. Denn wenn eine oder mehrere Personen im Gespräch zu sehr unter Druck geraten, dann bleibt die Fairness irgendwann auf der Strecke, und wir sagen Dinge, die andere verletzen.

Wichtig bei Pausen in einem Streitgespräch ist die Verabredung, das Gespräch zu einem vereinbarten Zeitpunkt fortzusetzen. Sonst fühlt sich derjenige, der keine Pause machen möchte, nicht ernst genommen. Wenn wir aber wissen, dass der andere jetzt kurz eine Pause braucht, dann aber wieder auf uns zukommt, können wir auch die Pause besser aushalten.

Ein großes Problem kann nämlich entstehen, wenn wir um eine Pause bitten, weggehen und der andere hinterherläuft, um das Gespräch fortzusetzen. Das führt dann meist direkt in die totale Eskalation. Und das möchte niemand. Eine schwierige Situation zu verlassen, ist kein Zeichen von Schwäche.

Alle diese Strategien sind kein Wundermittel und bieten auch nicht immer gleich eine Lösung oder Entlastung. Insbesondere, wenn das Miteinander schon längere Zeit schwierig ist und alle Beteiligten an der Grenze ihrer Belastbarkeit sind. Deshalb ist es wichtig, diese Strategien gemeinsam zu üben und zu besprechen und keine Wunder zu erwarten.

Aber auch dann kann es sein, dass sich Eltern im Kontakt mit den Jugendlichen überfordert oder genervt fühlen. Genauso natürlich auch umgekehrt. Deshalb ist es nicht nur wichtig, Strategien zur Gesprächsführung zu haben, sondern auch für sich selbst im Umgang mit den Belastungen, die Konflikte oder Krisen mit sich bringen können.

AUF SICH SELBST ACHTEN

Grundsätzlich ist der Mensch von seinem Wesen her darauf aus, eine Balance zu halten zwischen Anspannung und Entspannung. Unser ganzer Körper versucht rund um die Uhr, alles in Balance zu halten, unter anderem durch unseren Stoffwechsel. Wir haben auf das Funktionieren dieses Systems einen großen Einfluss durch unser Verhalten. Nun gibt es in jedem Leben sowohl Phasen der Entspannung als auch Phasen großer Belastungen und somit starker Anspannung. Beides können wir grundsätzlich aushalten, aber nicht immer beeinflussen. Entscheidend ist dabei aber trotzdem die Balance.

EINE AUSZEIT NEHMEN

Der Psychologe Alan Fruzzetti arbeitete viele Jahre mit Angehörigen und Betroffenen einer emotional-instabilen Persönlichkeitsstörung. Er hat bezogen auf die Selbstfürsorge bei Angehörigen das Bild »sich selbst zuerst die Sauerstoffmaske aufsetzen« geprägt. Nur wer sich selbst gut versorgt, kann auch andere versorgen und sich um sie kümmern. Die folgenden Tipps richten sich deshalb zum Teil mehr an die Angehörigen oder Bezugspersonen als an die Jugendlichen selbst.

Wenn sich in Familien eine Belastungssituation sehr lange hinzieht, zum Beispiel durch Erkrankungen, finanzielle Probleme oder anhaltende Konflikte, dann gerät unsere Balance aus dem Gleichgewicht. Der Stress überwiegt und hat auf Dauer einen negativen Einfluss auf alle Beteiligten.

Hier setzt die Idee der Selbstfürsorge an. Wenn es in der Familie eine Person gibt, die viel Unterstützung braucht, dann nehmen sich die anderen meist erst mal zurück. Wenn Eltern zum Beispiel bemerken, dass ihr jugendliches Kind Probleme in der Schule oder Liebeskummer hat, werden sie ihm nicht noch zusätzlich Dinge abverlangen, sondern es vermutlich unterstützen und entlasten wollen. Dadurch hat die oder der Jugendliche die Chance, sich mit dem Problem auseinanderzusetzen und sich wieder zu stabilisieren – also wieder in eine Balance zu kommen. Dies erfordert dann Rücksichtnahme und womöglich auch Mehrbelastung für die Eltern oder Bezugspersonen – also kommen diese erst mal aus der Balance.

Für einen überschaubaren Zeitraum ist das notwendig und auch problemlos aushaltbar. Je länger sich aber eine Belastungssituation hinzieht, umso mehr kommen alle an die Grenzen ihrer Kraft. Der Impuls ist dann oft: »Einfach weitermachen – da muss ich jetzt durch!«

Das stimmt. Wenn sich die Situation gerade nicht schnell genug ändern lässt, müssen alle da durch. Aber bitte mit Pausen!

Alle brauchen Auszeiten für sich. Und Auszeiten sind oft das Erste, was wir streichen, wenn sowieso schon alles zu viel ist. Und das ist der große Fehler. Denn nur, wenn alle darauf achten, auf Dauer gesund zu bleiben, kann das Familiensystem funktionieren.

Gönn dir eine Stunde im Café mit einem Buch. Schau in Ruhe eine Folge deiner Lieblingsserie. Mach einen Mittagsschlaf. Geh einen Abend zu Freunden, insbesondere wenn du die anderen Abende unterstützt hast oder es viel Stress gab. Geh joggen oder spazieren.

Das gilt für alle Familienmitglieder – unabhängig von der aktuellen Situation. Denn nur so erhalten wir auf Dauer unsere Kraft und können einander unterstützen. Es hilft niemandem, wenn einer nach dem anderen zusammenbricht. Damit es möglich ist, dass sich jeder in der Familie mal Zeit für sich nimmt, ist es wichtig, sich untereinander gut abzusprechen.

POSITIVE GEFÜHLE SAMMELN

Je mehr Belastungen wir ausgesetzt sind, umso mehr neigen wir dazu, Dinge von unserem Tagesplan zu streichen, die uns guttun oder entspannen. Verabredungen mit Freunden sagen wir ab, weil wir zu müde sind. Auf Dauer führt das zu Stimmungsverschlechterungen und im schlimmsten Fall zu Depressionen.

Bezogen auf eine familiäre Situation, in der es viele Konflikte gibt, ist es wichtig, wieder positive Erlebnisse miteinander zu sammeln. Nur ist das nicht so einfach, weil Jugendliche sich ja in der Pubertät bewusst von ihren Eltern abgrenzen, sodass der gemeinsame Urlaub oder manchmal schon das gemeinsame Essen abgelehnt werden – was grundsätzlich auch in Ordnung ist.

Ein Problem entsteht dann, wenn fast alle Begegnungen oder Gespräche zwischen Eltern und Jugendlichen negativ verlaufen. Der Jugendliche zieht sich meistens auf sein

Zimmer zurück oder ist unterwegs, und die Eltern fragen irgendwann gar nicht mehr nach, wie es ihm geht und was bei ihm so los ist – außer es gibt etwas Unangenehmes zu klären. Es bleibt dann kaum Raum für angenehme und verbindende Erlebnisse.

Je negativer oder distanzierter der Umgang miteinander wird, umso wichtiger ist es, wieder über kleine positive Dinge in Kontakt zu kommen. Sei es durch ein kleines Geschenk, das Übernehmen einer Aufgabe oder die direkte Ansprache in einer ruhigen Situation: »Wie geht es dir eigentlich?«

Positive Gefühle in Bezug auf die Person zu sammeln, mit der man gerade Stress hat, muss aber nicht immer im direkten Kontakt stattfinden. Manchmal sind Streitsituationen auch so sehr festgefahren, dass wir nur indirekt in Beziehung treten können.

Dann können wir uns auch einfach Zeit nehmen und uns an schöne gemeinsame Situationen erinnern, Fotos ansehen oder Videos. Oder uns klarmachen, was wir an unserem Kind lieben und was uns im Umgang mit ihm wichtig ist. Auch hier geht es um ein Ausbalancieren der negativen und positiven Erfahrungen, um wieder miteinander in den Kontakt gehen zu können.

ACHTSAMKEIT

Unser Alltag ist oft sehr voll gepackt und wir machen vieles zu schnell, hektisch oder nebenbei. Vielleicht kommt dir das bekannt vor: essen, dabei aufs Handy gucken und nebenbei läuft der Fernseher? Wann hast du das letzte Mal eine Sache ganz in Ruhe und bewusst gemacht? Ohne Ablenkung oder Zeitdruck?

Achtsamkeit bedeutet im Alltag vor allem, nur eine Sache zur selben Zeit zu machen und mit den Gedanken möglichst bei dieser Sache zu sein und sie nur wahrzunehmen, ohne gleich Schlüsse daraus zu ziehen oder das Erlebte irgendwie einzuordnen. Es ist hilfreich, im stressigen Alltag immer wieder mal innezuhalten und zu überprüfen: Wie geht es mir jetzt gerade eigentlich? Brauche ich etwas? Habe ich Hunger, Durst oder Schmerzen? Möchte ich mich bewegen oder hinsetzen?

Und vielleicht atmen wir einfach mal eine Minute nur bewusst ein und aus und tun nichts anderes. Es gibt auch Achtsamkeits-Apps, in denen wir einen in unregelmäßigen Abständen erklingenden Ton einstellen können, der uns daran erinnert, kurz innezuhalten.

Achtsamkeit hilft uns, mit unseren aktuellen Bedürfnissen wieder in Kontakt zu kommen. Viel zu oft übergehen wir die nämlich, weil es so viel anderes zu tun gibt.

Und manchmal wollen wir auch gar nicht so genau spüren, was gerade in uns vorgeht. Wenn da Gefühle lauern, die uns überfordern oder unangenehm sind, dann suchen wir vielleicht sogar bewusst die Ablenkung.

TRINE: *Mir fielen zu Beginn die Achtsamkeitsübungen sehr schwer, weil ich schon nach wenigen Sekunden unglaublich starke Unruhe empfunden habe. Ich fing dann an, mich abzulenken, wodurch die Achtsamkeit ja überhaupt nicht verbessert wurde. Dann habe ich mir irgendwann realistische Ziele gesetzt und mit ganz kleinen Schritten losgelegt. Zum Beispiel habe ich beim Spazieren die Musik für eine Minute ausgemacht und bewusst auf die Umgebung gehört. Oder mich draußen hingesetzt und mir einen schönen Baum ausgesucht, um ihn einfach nur zu betrachten. Mit der Zeit wurde es besser und mir fiel es leichter, meine Gefühle und Bedürfnisse zu erkennen. Es gibt auch viele Bücher, Podcasts, Videos und Übungen im Internet zu dem Thema.*

UMGANG MIT STARKER EMOTIONALER INSTABILITÄT UND SYMPTOMEN

In den bisherigen Abschnitten dieses Kapitels lag der Schwerpunkt auf den alltäglichen Schwierigkeiten, die in Familien auftreten können, die »in der Pubertät sind« oder in denen es eines oder mehrere emotional verletzliche Mitglieder gibt.

Wie schon im ersten Kapitel beschrieben, können Probleme in der Emotionsregulation auch in psychischen Symptomen und psychischer Erkrankung münden. Dann ist der Umgang für Freunde und Angehörige mit betroffenen Jugendlichen noch herausfordernder, als er es in der Pubertät ohnehin schon ist. Auch für die Betroffenen selbst ist es verständlicherweise schwierig.

Im Folgenden schildern wir den Umgang mit Emotionen, die im Kontakt mit emotional instabilen Menschen recht häufig auftreten. Und wir geben hilfreiche Tipps im Umgang mit Symptomen. Diese Tipps sollen dir dabei helfen, Menschen mit emotionaler Instabilität zu unterstützen.

AKZEPTANZ

Im ersten Kapitel haben wir einige Symptome aufgeführt, die im Zusammenhang mit Emotionsregulationsstörungen auftreten können. Viele Eltern, Angehörige oder Freunde von Jugendlichen, die sich selbst verletzen oder anderes impulsives Verhalten zeigen, können dieses Verhalten oft nicht nachvollziehen.

Für die meisten Eltern ist es ein Schock, zu erfahren, dass ihr Kind unter starker psychischer Belastung leidet, denn oft haben sie das gar nicht bemerkt, weil die Jugendlichen die Symptome längere Zeit – meist aus Scham oder weil sie nicht möchten, dass sich andere um sie sorgen – geheim gehalten haben. Insbesondere bei suizidalen Krisen führt dies häufig zu sehr fürsorglichen Reaktionen, weil natürlich der drohende Suizid des eigenen Kindes massive Angst hervorruft. Es ist völlig richtig, sich um jemanden zu kümmern, der psychische Probleme hat, vor allem wenn er uns sehr nahesteht. Wenn es bei einer kurzen Krise bleibt, ist das auch unproblematisch.

Die Herausforderung bei Emotionsregulationsstörungen liegt darin, dass es sich um eine nicht schnell heilbare Störung handelt. Betroffene müssen Schritt für Schritt den Umgang mit ihren Emotionen trainieren. Das dauert und braucht viel Geduld. Bei den Betroffenen und auch beim Umfeld.

Deshalb braucht es die Akzeptanz dafür, dass es wiederholt Rückschläge und womöglich auch Krisen geben wird. Das klingt vielleicht erst mal schwer umsetzbar. Oder vielleicht auch abwegig. Wenn wir etwas akzeptieren, hören wir ja auf zu kämpfen und ergeben uns, oder nicht?

Etwas zu akzeptieren ist aber eigentlich das Gegenteil von aufgeben. Etwas zu akzeptieren bedeutet nicht, dass wir etwas gut finden müssen. Wir können akzeptieren, dass wir älter werden, und es gleichzeitig doof finden. Wir können akzeptieren, dass das eigene Kind psychisch krank ist, und es gleichzeitig schmerzhaft finden. Wir können akzeptieren, dass wir Probleme mit den eigenen Gefühlen haben, und es anstrengend und unfair finden.

Akzeptanz bedeutet somit, dass wir bereit sind, einen bestimmten Zustand als wahr anzuerkennen. Das ist bei sehr schweren Symptomen überhaupt nicht leicht. Und gleichzeitig ist das der erste und wichtigste Schritt, damit wir nicht unsere Kraft dabei verlieren, gedanklich und emotional gegen etwas anzugehen, was einfach so ist, wie es ist. Und wir brauchen viel Kraft, wenn wir jemanden unterstützen wollen, dessen Emotionen stark schwanken. Es nicht zu akzeptieren, bedeutet, gegen etwas anzukämpfen, das sich nicht verändern lässt – etwas, das so ist, wie es ist.

Unangenehme Realität als wahr anerkennen »» »» »» **Trifft auf Veränderungswunsch** »»

Setzt Kraft frei, die man sonst zum Nichtakzeptieren braucht

> Markus kann sich im Unterricht seit ein paar Wochen nicht mehr konzentrieren. Er hat keine Ahnung, warum das auf einmal so ist, aber es stresst ihn total. Es ist sein Abschlussjahr, und er braucht unbedingt einen guten Notendurchschnitt, damit es mit der Ausbildung klappt. Als er merkt, dass seine Gedanken nach 15 Minuten Unterricht immer wieder abschweifen und er sich zum Teil an komplette Schulstunden nicht mehr erinnern kann, strengt er sich noch mehr an. Außerdem fängt er an, Energydrinks zu trinken, um wacher zu sein. Die machen ihn zum Teil auch konzentrierter, manchmal aber auch so unruhig, dass er dadurch noch mehr abgelenkt wird. Er fängt an, in den Pausen Unterrichtsstoff bei Mitschülern nachzufragen oder noch mal nachzulesen, damit er keine wichtigen Dinge verpasst. Das Ganze stresst ihn immer mehr, und er kann sich immer schlechter konzentrieren. »Das kann doch wohl alles nicht wahr sein!«, denkt er sich. »Ich muss mich einfach nur wieder mehr anstrengen. Die anderen kriegen das ja schließlich auch hin!« Irgendwann bricht Markus in der Pause emotional total zusammen. Er weint und weiß nicht mehr weiter.

Dieses Beispiel zeigt einen ganz menschlichen Impuls, den wir alle haben: Es klappt nicht mehr so, wie wir es kennen, dann strengen wir uns noch mehr an. Auch hier gilt wieder: Wenn das mal kurze Zeit so ist, ist es kein Problem. Auf Dauer aber gegen einen Zustand anzukämpfen – wie Markus gegen die Konzentrationsstörung – macht keinen Sinn und powert uns aus. Es braucht die Akzeptanz, dass etwas im Moment nicht so funktioniert, wie man es sich wünscht, damit man in der Lage ist, Lösungen dafür zu finden.

Wenn man aufhört, dagegen anzukämpfen, und die Situation, so wie sie ist, anerkennt und akzeptiert, hat man den Blick wieder frei für andere Wege.

Das gilt auch für Angehörige. Probiere einmal aus, welcher der folgenden Sätze weniger Druck auslöst:

Wenn Motivation dazukommt

Erste Schritte auf dem Weg zur Veränderung

macht Angst

kostet Kraft

geht nur langsam, Schritt für Schritt

braucht Wissen

»Mein Kind hat häufig Wutausbrüche und schreit mich an. Ich will, dass das sofort aufhört!«

»Mein Kind hat häufig Wutausbrüche und schreit mich an. So ist das im Moment und ich würde es mir anders wünschen.«

Vermutlich wird sich der erste Satz emotional passender, aber auch stressiger anfühlen. Passender, weil wir uns ja eine schnelle Veränderung dieses unangenehmen Zustands wünschen. Stressiger, weil es leider nicht so einfach ist und meist außerhalb unserer Macht steht, die Wutausbrüche des anderen aufzulösen.

Vermutlich wird sich der zweite Satz etwas fremder anfühlen, aber auch entlastender. Hier wirkt die Akzeptanz: Wir nehmen etwas an, was wir nicht beeinflussen können, und finden es trotzdem nicht gut. Auf Dauer kostet es uns so weniger Kraft.

Im ersten Moment löst Akzeptanz allerdings oft viel Schmerz aus, weil bewusst wird, was eigentlich los ist. Aber das ist extrem wichtig, denn daraus entsteht der erste Schritt zur Veränderung. Und die wünschen sich alle Beteiligten, wenn es um belastende Dinge geht.

JETZT DU Nimm dir kurz Zeit und überlege, ob es aktuell Dinge gibt, gegen die du ankämpfst, weil sie dich stören, oder ob es bei dir, deinem Kind, deinem Freund, deinen Eltern oder Bezugspersonen Dinge gibt, die du gern anders hättest und die du versuchst, zu verändern.
Wie bist du bisher damit umgegangen? Versuche, einige Sätze für dich zu formulieren, die dir helfen können, diese unerwünschten Dinge zu akzeptieren. Zum Beispiel: »Meine Freundin verletzt sich selbst. Das ist aktuell so.«

VERÄNDERUNG

Sowohl Menschen mit stark schwankenden Emotionen als auch Menschen mit einer ausgeprägten Emotionsregulationsstörung wünschen sich eine Veränderung ihres Zustands. Auch Angehörige oder Freundinnen und Freunde wünschen sich Entlastung sowohl für die Betroffenen als auch für sich.

Ohne die Akzeptanz, dass eine Emotionsregulationsstörung vorliegt, wird es schwer mit der Veränderung. Und als Erstes ist es natürlich noch wichtiger, überhaupt zu erkennen, was los ist. Stimmungsschwankungen sind vom Umfeld vermutlich leichter zu akzeptieren als selbstschädigendes oder aggressives Verhalten. Bei den Betroffenen selbst kann das auch so sein, muss es aber nicht.

Wie können wir also jemanden dabei unterstützen, seinen Umgang mit Gefühlen zu verändern oder psychisch gesünder zu werden?

Zunächst etwas Grundsätzliches: Die Veränderung von Symptomen und deren Ursachen ist nur möglich, wenn die betroffene Person das selbst auch möchte. Und das ist bei der Emotionsregulationsstörung nicht so einfach, wie man vielleicht zunächst glaubt. Denn nur, weil wir unter einem Zustand leiden und es gern anders hätten, heißt das noch lange nicht, dass wir uns motivieren können, tatsächlich etwas zu verändern.

Als Angehörige oder Freundinnen und Freunde können wir den Veränderungsprozess nur begleiten und unterstützen. Dabei sind bei der Veränderung von Emotionsregulationsproblemen einige Dinge wichtig zu wissen:

Veränderung macht Angst. Im ersten Kapitel haben wir dargestellt, dass Symptome zunächst eine kurzfristige Entlastung schaffen können. Selbstverletzungen reduzieren Anspannung, Dissoziationen nehmen Angst. Die Entlastung ist nur kurzfristig, aber sehr deutlich spürbar und dadurch sehr verstärkend. Das kann dazu führen, dass dieses entlastende Verhalten wiederholt wird. Denn etwas, was uns hilft, machen wir erst mal weiter. Insbesondere bei Jugendlichen, die schon längere Zeit mit problematischen Verhaltensweisen ihre Emotionen regulieren, löst der Gedanke, darauf verzichten zu müssen, Angst aus. Und Angst sagt uns leider: »Lass es!«

Veränderung erfordert Kraft. Sich tagtäglich mit seinen Emotionen herumzuschlagen ist anstrengend genug, wenn wir nicht gelernt haben, wie genau das funktioniert. Somit erfordert es zusätzliche Kraft und auch Mut, neue Dinge im Umgang mit unseren Gefühlen auszuprobieren und einzuüben. Und Kraft ist nicht immer im Übermaß vorhanden, schon gar nicht nach einer langen Zeit mit hoher Belastung.

Veränderung ist ein Prozess und geht immer nur Schritt für Schritt. Selbst wenn wir motiviert sind, etwas zu verändern, dann geht das oft nicht so schnell, wie wir es uns wünschen. Emotionsregulationsstörungen betreffen eigentlich alle Bereiche des Lebens und sind dadurch so allumfassend, dass es Zeit braucht, den Umgang mit Gefühlen zu lernen. Dabei kann es auch eine Zeit lang mal gar nicht vorangehen oder sogar Rückschritte geben. Es kann helfen, sich erst mal nur mit dem Erkennen von Gefühlen zu beschäftigen, um dann irgendwann zu üben, die Gefühle zu regulieren. Wenn wir Fortschritte erzwingen wollen, wird es eher schwieriger.

Veränderung geht langsam. Um wirklich grundlegend etwas am Umgang mit Gefühlen zu verändern, brauchen wir viel Geduld. Eventuell gibt es Emotionen, bei denen es leichter fällt, eine neue Regulation zu lernen. Es wird aber auch Emotionen geben, die ein Leben lang eine Herausforderung bleiben. Das geht den meisten Menschen jedenfalls so. Etwas, das wir jahrelang eingeübt haben – wie beispielsweise das Unterdrücken von Gefühlen –, müssen wir langsam wieder verlernen. Schließlich war das jahrelang die Lösung für unsere Schwierigkeiten. Es ist ein bisschen wie schwimmen oder laufen lernen – das geht auch nicht sofort, sondern braucht Übung und Zeit.

Veränderung erfordert das Wissen darüber, wie Veränderung passieren kann. Um eine Emotionsregulationsstörung zu verändern, muss man erst mal wissen, dass man eine hat, was genau das ist und was man überhaupt verändern kann und wie.

Aus all diesen Punkten ergibt sich für diejenigen, die Betroffene in der Veränderung begleiten, vor allem eins: Es braucht viel Geduld. Eltern fällt es nachvollziehbarerweise schwer, zu sehen, wenn ihr Kind mit sich und seinen Gefühlen oder Symptomen zu kämpfen hat oder leidet. Eine schnelle Veränderung ist dann der große Wunsch. Nicht selten sind die Erwartungen an Therapien oder andere Hilfsangebote sehr hoch, eben aus diesem Wunsch heraus, dass sich schnell etwas ändern soll. Hier braucht es wiederum die Akzeptanz, dass Veränderung Zeit braucht. Eine Emotionsregulationsstörung ist nicht schnell veränderbar.

Der dabei aufkommende Frust lässt sich manchmal besser ertragen, wenn wir uns als Eltern, Geschwister, Angehörige oder Freunde klarmachen, dass wir nur begleiten können. Die Veränderung muss der oder die Jugendliche selbst schaffen.

NICHT MEHR IN WATTE PACKEN

Schwierig im Umgang mit emotional instabilen Menschen machen es oft die explosiven Ausbrüche, das grenztestende Verhalten und die Selbstschädigungen oder Suizidgefährdung.

Wie schon weiter oben erwähnt, führen psychische Krisen anderer zunächst dazu, dass wir uns kümmern, Rücksicht nehmen und die betroffene Person unterstützen, also erst mal »in Watte packen«. Das ist gut so und für eine Zeit lang leistbar. Wenn die Situation sich aber nicht verändert oder verbessert, sondern sogar schlimmer wird, geht uns irgendwann die Kraft aus.

Es ist wichtig, dass wir in dem Moment, wo wir merken, dass wir an die Grenze unserer Belastbarkeit kommen, uns entweder Unterstützung holen oder lernen, mit der betroffenen Person anders umzugehen – nämlich nicht mehr alle Belastungen von ihr fernzuhalten, alle Dinge zu regeln, ihr Verhalten zu entschuldigen und sie »in Watte zu packen«.

> Maja hat seit Kurzem Angst, zur Schule zu gehen, weil sie von ein paar Jugendlichen gemobbt wird. Sie hat immer häufiger Bauchschmerzen, Übelkeit und Herzrasen morgens vor der Schule, geht aber hin.
>
> Eines Morgens zittert sie am ganzen Körper und muss sich sogar übergeben, und ihre Mutter entscheidet, dass sie heute zu Hause bleibt. Sie lässt Maja sich wieder hinlegen und macht ihr einen Tee. Dann ruft sie in der Schule an und entschuldigt Maja für zwei Tage. Maja geht es sofort besser, sie fühlt sich erleichtert und ernst genommen. Am nächsten Morgen geht es Maja gut, sie muss ja wegen der Entschuldigung nicht zur Schule. Als dann der nächste Morgen kommt, geht es ihr wieder sehr schlecht. Sie hat Panik und ihr ist total übel.

Was soll die Mutter jetzt tun? Maja wieder zu Hause lassen, sie zur Schule begleiten oder ermutigen und allein losschicken?

Alle Optionen sind erst mal grundsätzlich in Ordnung. Auf Dauer wird allerdings das Vermeidungsverhalten von Maja – nämlich sich der Situation nicht zu stellen – dazu führen, dass die Angst schlimmer wird. Aber ob Majas Mutter sie nun zwei Tage oder zwei Wochen von der Schule befreit, spielt keine entscheidende Rolle. Wichtig dabei wäre, mit Maja ihre körperliche Reaktion als Teil des Gefühls Angst einzuordnen und mit ihr zu besprechen, wie sie selbst damit umgehen kann und ob sie Unterstützung bei der Lösung der Schulsituation braucht. Hier geht es um das Leiserstellen von Angst (siehe zweites Kapitel), was vor allem bedeutet, sich der Situation zu stellen, um sie langfristig zu bewältigen.

Die Angstreaktion von Maja sollte auf Dauer nicht dazu führen, dass sie gar nicht mehr zur Schule geht. Irgendwann muss das »In-Watte-Packen«, das Überbehüten, aufhören, denn die Angst wird nur weniger werden, wenn sich Maja der Situation stellt. Egal, ob nach zwei Tagen oder zwei Wochen …

»Nicht mehr in Watte packen« bedeutet also konkret, dass wir unserem Gegenüber Verständnis für sein Erleben entgegenbringen und gleichzeitig eine Grenze setzen und Mut machen für die Bewältigung der Situation.

> Maja möchte am liebsten gar nicht mehr zur Schule gehen. Ihre Mutter spricht mit ihr darüber: »Ich verstehe, dass es dir schwerfällt, wenn dir so übel ist, zur Schule zu gehen. Deine Angst kann ich auch nachvollziehen nach allem, was dir passiert ist. Und es gibt dennoch eine Schulpflicht, und du musst zur Schule gehen.
>
> Die Schule ist kein gefährlicher Ort. Du kannst dich bei Problemen an deine Lehrer wenden oder deine Freundinnen. Die unterstützen dich ja auch sonst. Es wird erst schwer sein und sich nicht richtig anfühlen. Aber je mehr du dich deiner Angst stellst, umso weniger wird sie werden. Ich trau dir zu, das zu schaffen. Und danach belohnen wir uns abends mit deinem Lieblingsfilm und Popcorn, okay?« Abends sitzen Maja und ihre Mutter mit Popcorn auf dem Sofa. Ihre Mutter lächelt sie an: »Ich bin stolz auf dich, dass du hingegangen bist. Das war bestimmt nicht leicht.«

Wie wir an dem Beispiel sehen, hat »nicht mehr in Watte zu packen« nichts damit zu tun, sich gegen die belastete Person durchzusetzen, laut zu werden oder sich zu streiten. Das »Nicht-mehr-in-Watte-Packen« kann sehr wertschätzend und respektvoll ablaufen.

Wenn wir auf Dauer dem nachvollziehbaren Impuls folgen, jemanden mit Panikattacken zu schützen oder jemandem mit selbstverletzendem Verhalten möglichst viel Stress zu ersparen, dann verstärken wir auf Dauer das Problemverhalten. Menschen mit Symptomen oder Schwierigkeiten in der Emotionsregulation müssen lernen, diese zu regulieren. Alles andere ist eine Vermeidung und führt eher zu einer Chronifizierung der Probleme. Es geht hierbei dann oft im ersten Schritt um das Schließen von Kompromissen und um das Finden eines gemeinsamen Mittelwegs im Umgang mit Symptomen, Konflikten und Stress, um irgendwann zu erreichen, dass sich der Jugendliche selbstständig und eigenverantwortlich um seine Emotionsregulation kümmern kann.

SCHULD UND WUT

Wir wollen, dass es den Menschen, die uns wichtig sind, gut geht. Wenn das nicht der Fall ist, wollen wir alles tun, damit es ihnen wieder besser geht. Wenn wir aber feststellen, dass wir nichts tun können oder die Menschen Hilfe gar nicht zulassen, dann geht es uns damit meist sehr schlecht.

Nicht selten leiden Eltern oder Bezugspersonen von emotional instabilen Jugendlichen unter starken Schuldgefühlen, weil sie sich nicht erklären können, warum ihr Kind sich selbst verletzt, nicht leben möchte, andere beklaut oder sich und anderen schadet. Die Schuld stellt sich in diesem Fall oft ein, weil Eltern oder Bezugspersonen eine Erklärung brauchen, um mit der Situation zurechtzukommen. Wenn ein Jugendlicher irgendein Problemverhalten zeigt, mit dem er sich oder anderen schadet, dann macht uns das als Angehörige sehr hilflos.

Und Hilflosigkeit ist eigentlich das Letzte, was wir in so einem Moment gebrauchen können. Deshalb suchen wir nach einem Schuldigen für diese scheinbar ausweglose Situation. Es gibt aber meist »leider« niemanden, der schuld ist, bzw. die Gründe und Auslöser sind oft sehr vielfältig. Das wiederum frustriert und macht uns noch hilfloser, sodass sich unser Kopf irgendwann denkt: »Das hält ja keiner aus! Dann gib dir doch einfach selbst die Schuld, dann haben wir nämlich wenigstens eine Erklärung und hängen nicht so in der Luft.« Es ist nämlich weitaus einfacher, sich selbst die Schuld zu geben, als zu akzeptieren, dass wir gerade nichts tun können.

Wir sprachen schon von der Notwendigkeit des Pausennehmens. Auch deshalb entwickeln Eltern oder auch Freunde manchmal Schuldgefühle, weil sie Zeit für sich brauchen. Auszeiten sind aber wichtig und stehen uns genauso zu wie allen anderen auch.

Manchmal richtet sich der Vorwurf der Schuld auch an andere: Lehrkräfte, die »nichts gemacht« haben; Therapeuten, die »nicht schnell genug« helfen; Kliniken, die lange Wartezeiten haben, usw. Die Schuld bzw. die Beschuldigung hilft in diesem Fall nur leider nicht weiter, sondern zerstört langsam das eigene Wohlbefinden und die Beziehung zu anderen. Es braucht auch hier wieder viel Gelassenheit und Akzeptanz in Bezug auf die gesamte Situation.

Die Wut ist auch oft ein Begleiter im Umgang mit emotional instabilen Jugendlichen. Sie entsteht zum Teil aus der Hilflosigkeit, wobei, anders als bei der Schuld, noch Erwartungen oder Kränkungen und Verletzungen eine Rolle spielen.

Im Umgang mit der Hilflosigkeit unterstützt uns die Wut insofern, dass sie uns wenigstens eine Idee gibt, was wir tun können – nämlich auf jemanden wütend sein.

Die Wut entsteht oft dann, wenn sich Konflikte wiederholen oder Regeln immer wieder missachtet werden. Das erleben wir dann als respektlos und wollen unserem Gegenüber klarmachen, dass eine Grenze überschritten ist. Das fällt den meisten Eltern auch nicht grundsätzlich schwer. Ein Problem entsteht eher dann, wenn wir nicht einschätzen können, ob unser Gegenüber mit einer Grenzsetzung umgehen kann. Bei Eltern entsteht dann oft die Sorge, dass das Kind ausrastet oder sich verletzt, wenn es eine Grenze gesetzt bekommt, die eigentlich angebracht wäre. Dadurch staut sich die zurückgehaltene Wut auf, und irgendwann überreagieren die Eltern dann, vielleicht auch in einer Situation, in der es nicht richtig Sinn ergibt.

Also auch hier: Nicht überbehüten, sondern weiterhin auf angemessene Art und Weise Grenzen setzen. Hilfreich im Kontakt zu emotional instabilen Jugendlichen ist hierbei, die Sorge zu äußern, die einen zurückhält, das Problem anzusprechen.

Zum Beispiel: »Ich muss mit dir über etwas sprechen, das mich ärgert. Ich habe aber die Sorge, dass du dich dann zu sehr angegriffen fühlst. Das möchte ich nicht, und gleichzeitig möchte ich dich auch nicht in Watte packen. Können wir das kurz besprechen, und wenn es dir danach nicht gut geht, gucken wir, was du brauchst?«

Und noch ein wichtiger Tipp bei Wut: Jeder darf wütend sein. Auch auf Menschen, denen es gerade nicht gut geht. Wut zu empfinden bedeutet ja nicht, dass wir sie unkontrolliert an der Person auslassen, auf die wir wütend sind.

Letztendlich gilt hier wie bei allen Emotionen: Man muss sich die Zeit nehmen, sie zu verstehen, damit man dann mit ihnen umgehen kann. Emotionsregulation brauchen wir alle.

NOCH MAL DAS WICHTIGSTE

Die Pubertät stellt eine große Herausforderung für Familien dar. Insbesondere bei hoher Emotionalität brauchen alle Tipps an die Hand, wie sie mit der Situation gut umgehen können.

Beim Thema Regeln, Unabhängigkeit und Grenzentesten kommen fast alle Familien an ihr Limit. Hier hilft es, sich der besonderen Situation bewusst zu werden und gemeinsam nach Kompromissen zu suchen.

Im Gespräch ist es wichtig, einander zuzuhören, sein Gegenüber wertzuschätzen (»zu belohnen«), Interesse zu zeigen und zu signalisieren, dass man sein Gegenüber verstanden hat. Auch das Mitteilen eigener Erfahrungen kann helfen, dass sich die Gesprächsteilnehmer besser verstehen und ernst genommen fühlen.

Wenn ein Streit eskaliert, kann es helfen, die Position des anderen einzunehmen (»3 x du«-Regel) oder eine Pause zu machen.

Auf sich selbst zu achten wird umso wichtiger, je länger sich Belastungsphasen hinziehen. Dabei können Selbstfürsorge, Achtsamkeit und positive Aktivitäten helfen.

Um mit Jugendlichen mit Emotionsregulationsstörung umzugehen, braucht es viel Akzeptanz. Auch den Mut, Grenzen zu setzen, braucht es immer wieder, sowie die Hoffnung auf Veränderung.

Veränderungsprozesse brauchen Zeit, Informationen, Kraft und Geduld. Besonders, wenn sie uns Angst machen. Gefühle wie Schuld, Hilflosigkeit und Wut sind in Phasen großer Anstrengung oder Belastung normal.

HÄUFIGE FRAGEN ZUR EMOTIONSREGULATIONSSTÖRUNG

In diesem Kapitel gehen wir auf Fragen ein, die häufig im Zusammenhang mit Emotionsregulationsstörungen auftreten. Wir haben die typischen Fragen von Jugendlichen und Eltern aus unserem klinischen Alltag hier zusammengetragen. Das sind selten Fragen zum Umgang mit Gefühlen, sondern hauptsächlich Fragen zu den Symptomen, die bei Emotionsregulationsstörungen auftreten.

FRAGEN VON JUGENDLICHEN

Geht das irgendwann weg? Solltest du festgestellt haben, dass du eine Emotionsregulationsstörung hast, möchtest du natürlich, dass die damit verbundenen Probleme möglichst schnell veränderbar sind.

Hier gilt es, zwischen zwei Aspekten, die sowohl die Gefühle als auch den Umgang mit den sozialen Kontakten beeinflussen, zu unterscheiden: die Pubertät und die Emotionalität. Spätestens mit etwa 25 Jahren lassen wir die Pubertät hinter uns, oft aber auch schon deutlich früher. Die Schwierigkeiten der Pubertät, bedingt durch Stimmungsschwankungen, das Gefühl, nicht richtig zu sein, nicht zu wissen, wie es weitergeht oder wo wir hingehören, werden dann besser. Wir kommen immer mehr in unserem Leben an und werden sicherer mit uns und unseren Gefühlen. Die Pubertät ist also irgendwann vorbei.

Bei der emotionalen Verletzlichkeit ist es ein bisschen anders. Die bleibt. Das heißt aber nicht, dass die Symptome wie Selbstverletzungen oder innere Leere immer gleich bleiben. Denn wenn wir lernen, mit unseren Gefühlen umzugehen, reagieren wir weniger impulsiv, verspüren seltener hohe Anspannung und sind ihr nicht hilflos ausgeliefert, wenn sie auftritt.

Menschen mit dem Temperament der emotionalen Verletzlichkeit erleben Gefühle intensiver – mit allen Vor- und Nachteilen. Deshalb ist es gut, möglichst früh zu lernen, mit den Gefühlen und ihrer Stärke umzugehen.

Dazuzulernen und Emotionsregulation zu üben, geht in jedem Alter, und das kann sehr zur Lebensqualität und dem Selbstwertgefühl beitragen – es gilt also: Es ist nie zu spät!

NOCH MAL IN KURZ Die Pubertät geht wieder weg. Das Temperament der emotionalen Verletzlichkeit bleibt, wird aber mit dem Alter entspannter. Die Symptome einer Emotionsregulationsstörung lassen sich behandeln – also verändern.

Die Ratschläge im Buch helfen mir nicht – was jetzt? Überlege einmal, was du genau damit meinst und wie es aussähe, wenn sie hilfreich wären.

Die Erwartung, dass anstrengende, unangenehme Gefühle weggehen, nicht mehr wiederkommen oder zumindest nicht mehr so schlimm sind, können wir nicht erfüllen. Das kann enttäuschend sein. Aber es ist leider nicht möglich, Schmerz oder nervige Gefühle abzustellen. Denn die Gefühle gehen nicht weg, und deshalb sind die Ratschläge zur Regulation in diesem Buch dafür da, Gefühle »lauter« oder »leiser« stellen zu können und sie aushalten zu lernen.

Außerdem können wir lernen, auch in einem starken Gefühl weniger oder nichts mehr zu machen, was uns oder unsere Beziehungen belastet. Gefühle an sich sind nicht gefährlich, auch wenn sie uns sehr anstrengen und belasten können. Die Ratschläge sind also dazu da, mit unseren Gefühlen besser leben zu können, sie besser zu verstehen und ihnen Raum zu geben, ohne uns oder anderen zu schaden.

Muss ich für immer Übungen zur Emotionsregulation machen? Ja. Das ist aber erst mal nichts Ungewöhnliches. Ob bewusst oder unbewusst üben alle Menschen ihr ganzes Leben, besser mit ihren Gefühlen klarzukommen. Gefühle gehören zum Menschsein und zum Leben dazu und gehen nicht weg, auch wenn wir uns das vielleicht manchmal wünschen. Daher bleibt die Emotionsregulation ein Teil des Lebens, auch wenn sie sich über Jahre weiterentwickeln und verändern kann. Je mehr wir trainieren, unsere Gefühle leiser und lauter zu stellen oder sie auszuhalten, desto leichter fällt es irgendwann und wird zu etwas Alltäglichem. Der Umgang mit den Gefühlen wird dann einfacher und kostet kaum noch Kraft. Dadurch erleben wir mehr Kontrolle und fühlen uns unserem Gefühlsleben weniger ausgeliefert.

Gleichzeitig gehören Gefühle zum Leben und werden, wenn etwas Trauriges oder Belastendes geschieht, anstrengender empfunden als in Zeiten, in denen alles gut läuft. Für Menschen, die emotional verletzlich sind, bleibt das Gefühlsleben natürlich sowieso intensiver als für andere.

Wie bekomme ich überhaupt wieder Zugang zu meinen Gefühlen? Wichtig bei dieser Frage ist die Unterscheidung zwischen »innerer Leere« und Gefühlsblindheit. Bei einer Gefühlsblindheit fühlen wir etwas, können aber nicht »sehen«, um welches Gefühl es sich handelt. Und somit auch keine passende Regulation auswählen. Bei innerer Leere handelt es sich hingegen um eine Abwesenheit von Gefühlen.

Zur Erinnerung: Innere Leere tritt häufig dann auf, wenn vor allem starke Gefühle für eine lange Zeit weggedrückt oder ignoriert werden. Das dient erst mal meistens dem eigenen Schutz vor den als zu stark erlebten Gefühlen oder aus der Überforderung heraus, mit ihnen angemessen umzugehen.

Gefühle wiederzufinden, kann sich vor allem am Anfang merkwürdig anfühlen. Denn dazu gehört, Dinge bewusst zu tun, die Gefühle auslösen. Wenn du weißt, dass dich eine bestimmte Musik traurig oder fröhlich macht, dann kannst du sie dir anhören. Das klappt allerdings nicht sofort, weil das Gefühl sich nach langer Zeit des Wegdrückens einfach nicht raustraut. Es kann deshalb dauern, bis wieder etwas spürbar wird. Das Gehirn braucht Zeit, um zu reagieren und das passende Gefühl herzustellen.

Wir können uns das ein bisschen so vorstellen, dass die Gefühle sehr lange unsortiert in einem dunklen Schrank in der hintersten Ecke verstaut waren. Wenn du durch das Hören der traurigen Musik die Traurigkeit wiederfinden möchtest, kann das in der Unordnung und der Dunkelheit etwas dauern. Es funktioniert also nur, wenn zwei Sachen zusammenkommen: der Reiz von außen (also der traurige Film, das Buch, bei dem wir früher immer geweint haben, oder das Lied, das uns sonst immer so glücklich gemacht hat) und die innere Einstellung, dass es in Ordnung ist, wenn die Gefühle wiederkommen. Wenn wir uns zwar mit Musik beschallen, uns aber innerlich weiterhin nicht wirklich erlauben, etwas zu fühlen, wird es viel schwieriger, die Gefühle wieder aus dem Schrank hervorzuholen. Es ist dann ein bisschen so, als würdest du vor dem Schrank mit den Gefühlen stehen, aber die Tür nicht aufmachen und dich fragen, warum du die Gefühle nicht finden kannst.

Bei der Gefühlsblindheit ist es eher so, dass die Wahrnehmung, Einordnung und Regulation der Gefühle nicht funktioniert. Das kann bei einer Emotionsregulationsstörung vorkommen, wenn jemand lange mit dem Gefühl aufgewachsen ist, dass die eigenen Gefühle nicht erlaubt oder falsch sind. Deshalb trainieren sich dann manche schon als kleine Kinder an, die »falschen« Gefühle zu unterdrücken, bevor sie wirklich verstehen konnten, wie viele unterschiedliche Gefühle es eigentlich gibt. Deshalb können sie die Gefühle dann nicht wirklich gut erkennen.

Es kann ziemlich schwierig sein, einen Zugang zu den eigenen Gefühlen zu entwickeln. Wir können es üben, Gefühle anhand von »Herz«, »Kopf« und »Wegweiser« zuzuordnen. Wenn wir also eine körperliche Reaktion spüren, können wir uns das in Ruhe angucken und überlegen, zu welchem Gefühl das gerade passen könnte. Gleiches gilt für die Gedanken und den Handlungsvorschlag. Es kann auch helfen, sich zu überlegen, was andere Menschen in derselben Situation fühlen würden.

FRAGEN VON ELTERN UND ANGEHÖRIGEN

Ist »das« heilbar? Oft geht es den Eltern und Angehörigen bei dieser Frage um die schweren Symptome, die mit den Stimmungs- oder Gefühlsschwankungen und den starken Gefühlen einhergehen können. Die Pubertät geht irgendwann vorbei, die emotionale Verletzlichkeit bleibt. Das heißt nicht in jedem Fall, dass die Symptome durch therapeutische Behandlung ganz weggehen, aber es kann sein, dass sie im Alltag weniger Platz einnehmen, weil die Betroffenen einen verantwortlichen Umgang mit ihren Symptomen erlernen. Informationen zu Behandlungs- und Hilfsangeboten gibt es im letzten Kapitel.

Habe ich etwas falsch gemacht? Viele Eltern stellen sich die Frage, ob sie etwas falsch gemacht haben oder an der psychischen Belastung ihres Kindes schuld sind.

Sich schuldig zu machen bedeutet, dass wir etwas bewusst und mit Absicht anders machen, als es richtig wäre. Eltern schaden nicht bewusst ihrem Kind. Es kann sein, dass in der Vergangenheit etwas passiert ist, das bei einem emotional verletzlichen Jugendlichen dazu geführt hat, dass er nicht so gut mit den eigenen Gefühlen umgehen kann.

Das können belastende Situationen innerhalb der Familie sein, die vielleicht nicht vorhersehbar waren, wie Trennungen oder Erkrankungen. Solche Belastungen sind für emotional verletzliche Kinder intensivere Krisen als für nicht so emotional verletzliche.

Sollte ein Kind oder ein Jugendlicher lange Zeit Gewalt erlebt haben oder miterlebt haben, wie ein Elternteil oder Geschwister Gewalt ausgesetzt ist, kann das natürlich auch zur Entwicklung von Symptomen und psychischer Belastung beitragen.

In einer belastenden Situation ist es wichtiger und hilfreicher, sich die Frage »Wie schaffen wir es gemeinsam hier raus?« als die nach der Schuld zu stellen. Auch wenn gegenseitig verletzende Verhaltensweisen aufgetreten sind, besteht die Möglichkeit, es wiedergutzumachen: Das eigene Verhalten lässt sich ändern, wir können uns aufrichtig entschuldigen und lernen, mit den eigenen Gefühlen oder dem Stress besser umzugehen.

Wie gehe ich mit Selbstverletzungen meines Kindes um? Insgesamt sind verschiedene Dinge im Umgang mit selbstverletzendem Verhalten sinnvoll. Gelassenheit diesbezüglich zu entwickeln erscheint fast unmöglich und ist trotzdem ein wichtiger Aspekt bei der Bewältigung solcher Situationen. Selbstverletzungen können große Angst oder auch Abscheu auslösen. Um gelassener und vor allem weniger abwertend mit Betroffenen umzugehen, hilft es, die Entstehung und die Wirksamkeit von Selbstverletzungen zu verstehen. Niemand verletzt sich ohne Grund. Es geht dabei meist um die Regulation von starken Gefühlen und Anspannung. Nach einer Verletzung geht die ruhige und möglichst sachliche Versorgung der Wunde vor. Da sich die Anspannung durch Selbstverletzungen meistens reduziert, geht es Betroffenen im Anschluss in vielen Fällen besser, sie spüren oft Erleichterung. Somit müssen Betroffene direkt nach Zufügen der Verletzung nicht besonders umsorgt oder geschützt werden. Den meisten Betroffenen wäre das sogar sehr unangenehm.

Auch hier ist wichtig, dass Eltern auf Dauer nicht über ihre persönlichen Grenzen gehen. Eine Versorgung von Selbstverletzungen durch die Eltern sollte auf Dauer nur erfolgen, wenn es keine andere Möglichkeit gibt. Im besten Fall findet die Wundversorgung beim Arzt statt oder durch die Jugendlichen selbst. Dadurch verhindern Familien, dass die Symptomatik zu sehr im Mittelpunkt steht, was sonst eher zu einer Verstärkung der Selbstschädigung führen kann. Das wollen weder Betroffene noch Angehörige. Außerdem berichten Eltern immer wieder, den Anblick der Selbstverletzungen ihres Kindes nur schwer verkraften zu können. Die Bilder werden sie nur schwer wieder los.

Sollte es dem oder der Jugendlichen nach einer Selbstverletzung weiterhin sehr schlecht gehen, ist professionelle Hilfe erforderlich. Hierfür gibt es verschiedene Anlaufstellen. Das kann ein Anruf beim ambulanten Therapeuten oder in Notsituationen auch das Aufsuchen der Notaufnahme einer Kinder- und Jugendpsychiatrie sein.

Auf lange Sicht geht es bei selbstverletzendem Verhalten darum, dass die Jugendlichen eine Eigenständigkeit im Umgang mit den Verletzungen und der Wundversorgung erlernen und das Problemverhalten natürlich im besten Fall immer weiter reduzieren oder sogar loswerden.

Wie gehe ich mit suizidalen Krisen um? Sollten Jugendliche ihren Eltern gegenüber Suizidgedanken äußern, hilft es, klar und gleichzeitig unaufgeregt damit umzugehen.

Vorwürfe oder panisches Verhalten verschlimmern die Situation, so verständlich diese Reaktionen aus der Sorge heraus auch sind. Es kann hilfreich sein, nicht zu viel zu sprechen, sondern kurze Ansagen zu machen, wie beispielsweise: »Wir fahren jetzt zusammen zu einem Gespräch in die Klinik.«

Es gibt auch immer die Möglichkeit, vorab die nächstgelegene Kinder- und Jugendpsychiatrie anzurufen. Das sollte man auf jeden Fall tun, wenn man unsicher ist und Unterstützung braucht.

Nicht immer ist die Aufnahme in einer Klinik ideal, auch wenn das bei akuter Suizidgefährdung oft die einzige Möglichkeit darstellt.

Wenn Jugendliche häufiger über Suizidgedanken klagen, aber glaubhaft versichern können, es nicht in die Tat umzusetzen, dann ist ein Verbleib zu Hause oder bei vertrauten Personen womöglich sinnvoller. Dann sollten aber die Voraussetzungen dafür gemeinsam besprochen und Absprachen getroffen werden: »Traust du dir zu, mir Bescheid zu sagen, wenn es schlimmer wird?«, »Kannst du mir die Hand drauf geben, dir heute nichts anzutun?« oder »Ich komme in einer halben Stunde noch mal nach dir gucken. Was machst du bis dahin?«. Wenn es schon häufiger zu einer stationären Aufnahme wegen akuter Suizidalität gekommen ist, sollte ein gemeinsamer Notfallplan für diese Situationen entwickelt werden. Darin sollten das Vorgehen in einer solchen Situation für die Familie und die wichtigsten Anlaufstellen mit Kontaktdaten festgehalten sein.

Das oberste Ziel in einer suizidalen Krise ist es, die suizidale Person zu sichern bzw. zu stabilisieren. Dabei können Telefonate mit einem Freund, der Seelsorge, der ambulanten Therapeutin oder mit einer zuständigen Kinder- und Jugendpsychiatrie helfen.

Wichtig ist, dass auch die Angehörigen oder Freunde der Betroffenen Unterstützung bekommen, weil sie sich oft hilflos fühlen und Angst haben. Für sie kann es also sehr sinnvoll sein, mit Freunden oder Familienmitgliedern über die Situation zu sprechen oder sich an Beratungsstellen, Selbsthilfe- oder Angehörigengruppen zu wenden.

TRINE: *Was mir in suizidalen Krisen hilft, ist eine Person, die mich ernst nimmt und auch authentisch ihre Gefühle zeigt. Es ist völlig in Ordnung, wenn jemand damit überfordert oder ängstlich ist. Ich brauche dann eben Hilfe, und wenn mir jemand dabei hilft, die in diesen Situationen zu bekommen, dann ist das super. Mit Unsicherheit kann ich besser umgehen als mit solchen Sprüchen wie: »Du hast doch keinen Grund, sterben zu wollen«, »Anderen geht es doch viel schlechter als dir«, »Du willst doch nur Aufmerksamkeit«, »Du musst dich einfach nur aufraffen«, »Denk daran, was du uns damit antun würdest« oder Ähnliches. Und ja – die habe ich alle schon gehört.*

Wie können wir miteinander wieder besser in Kontakt kommen? Um das zu schaffen, ist es wichtig, dass die Entscheidung »Wir wollen anders miteinander umgehen« gemeinsam getroffen wird und alle Beteiligten dahinterstehen. Dann kann ein Neustart versucht werden. Viele der Strategien, die wir im dritten Kapitel aufgezeigt haben, helfen dabei.

Einige Dinge sind allerdings in allen Situationen, in denen sich Menschen wieder annähern wollen, hilfreich:

- alte Sachen abhaken und nicht mehr vorwerfen;
- bei sich bleiben;
- gemeinsame Regeln für den Umgang miteinander festlegen, mit denen alle einverstanden sind;
- gemeinsame Aktivitäten: essen, spielen, rausgehen, einkaufen, Sport usw.;
- nicht miteinander nach Lösungen suchen, wenn eine oder mehrere Personen zu sehr unter Stress stehen;
- sich entschuldigen, wenn Fehler passiert sind – auch die Erwachsenen.

LSF
NOT FALL PLAN
Emotion

HILFE SUCHEN UND FINDEN

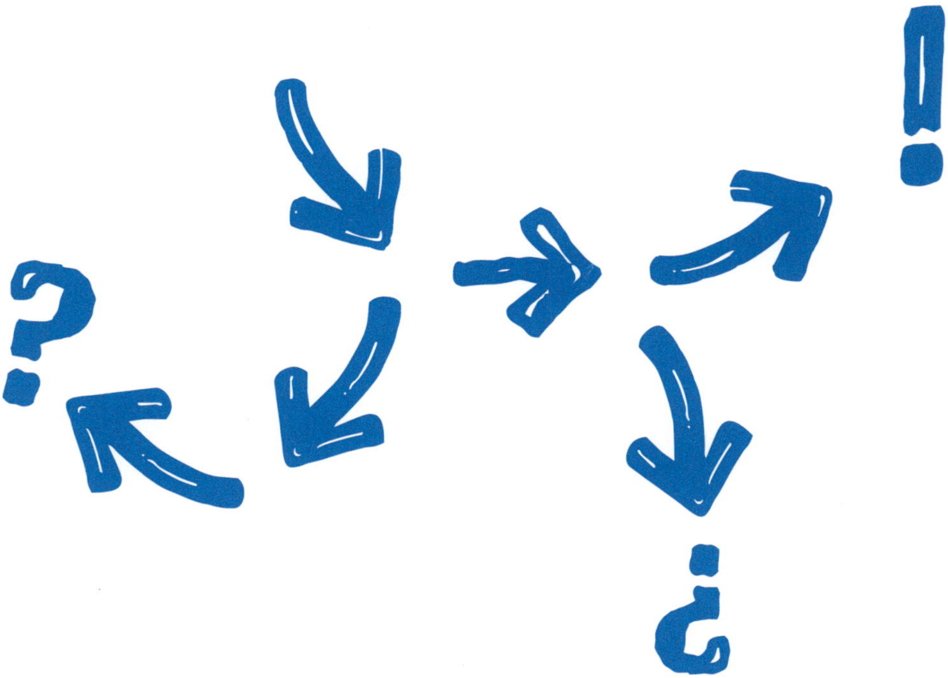

Hilfe suchen ist aus unterschiedlichen Gründen nicht so einfach. Zunächst sind die wenigsten von uns gern auf Hilfe angewiesen und suchen sie dann nur, wenn es fast schon zu spät ist. Es kommt auch vor, dass wir uns schämen, überhaupt Hilfe zu brauchen, oder wir Angst vor Ablehnung haben oder davor, nicht ernst genommen zu werden.
In diesem Kapitel möchten wir ermutigen, sich Hilfe zu suchen, wenn man nicht mehr weiterweiß.

HILFE SUCHEN

Die meisten Familien sind grundsätzlich gut in der Lage, sich in schwierigen Situationen selbst zu helfen. Mit der Pubertät verschieben sich die Rollen innerhalb der Familie, und die Jugendlichen streben nach Ablösung aus dem Familiensystem und nach mehr Autonomie. Das macht das gegenseitige Unterstützen und Helfen schwieriger.

Haben Kinder Hilfe bei den Erwachsenen gesucht, machen das die Jugendlichen eher bei Gleichaltrigen. Aber die grundsätzliche Verunsicherung mit sich selbst, die die Pubertät nun mal mit sich bringt, kann bei Jugendlichen auch dazu führen, dass sie vieles mit sich selbst ausmachen, aus Angst, sich mit den eigenen Sorgen bei anderen zu blamieren.

Aber wir alle brauchen immer mal wieder Hilfe. Die Hilfe kann sich auf eine einzelne Situation beziehen oder auch langfristig angelegt sein, damit sich zum Beispiel eingefahrene Probleme mit der Zeit lösen lassen.

Die Emotionsregulationsstörung ist nicht schnell veränderbar, sodass es hierbei meist eher um mittel- oder langfristige Hilfe geht, die eine dauerhafte Stabilisierung mit sich bringen soll. Das Erlernen von eigenen Strategien zur Problemlösung ist hier besonders wichtig. So ist es möglich, sich irgendwann selbst im Umgang mit starken Gefühlen, Stress und Konflikten zu helfen.

Nicht immer ist professionelle Hilfe nötig, denn manchmal sind Freundinnen und Freunde, der Hund, die Vertrauenslehrerin, die Großmutter, der Fußballtrainer oder ein Buch die beste Hilfe.

Ein weiteres Problem, das beim Suchen nach Hilfe auftreten kann, sind fehlende Informationen oder wenig Angebote. Wenn wir nicht wissen, welche Angebote es überhaupt gibt, dann wissen wir auch nicht, wonach wir suchen sollen. Und selbst, wenn wir festgestellt haben, was wir brauchen, heißt das noch lange nicht, dass die Hilfe direkt verfügbar ist. Insbesondere bei Beratungs- und Therapieangeboten sind die Wartezeiten mitunter sehr lang oder es gibt gar keine passenden Angebote in der Nähe. Dennoch dürfen wir uns nicht entmutigen lassen.

Wir stellen einige Hilfsangebote und Wege dorthin vor.

UNTERSTÜTZUNGSMÖGLICHKEITEN

Es gibt verschiedene Stellen, an die wir alle uns wenden können, um Hilfe zu bekommen. Es gibt im Internet Übersichten mit Beratungsstellen, die man auch nach Standorten filtern kann. Hilfreich kann es sein, den eigenen Wohnort und »Beratungsstellen« oder »Hilfe bei Problemen« als Suchbegriffe im Internet einzugeben.

Viele Städte oder Landkreise haben eigene Homepages, auf der Hilfsangebote verlinkt sind. Ein Gespräch bei einer Beratungsstelle ist kostenlos und vor allem auch anonym möglich.

Jede Stadt und jeder Kreis in Deutschland hat ein Jugendamt. Auch das Jugendamt ist zuständig für die Beratung von Familien. Es bietet die Möglichkeit zur gemeinsamen Klärung, ob eine Familie Unterstützung braucht oder nicht. Bei einem ersten Gespräch mit dem Jugendamt kann man sich darüber informieren, welche Hilfen möglich sind. Wenn eine Familie sich für eine vom Jugendamt angebotene Hilfe interessiert, kann diese dort beantragt werden.

An vielen Schulen gibt es inzwischen Schulpsychologen oder Schulsozialarbeiter, die ebenfalls bei Problemen oder Konflikten von Schülern und ihren Familien ansprechbar sind. Bevor Jugendliche sich dorthin wenden, sprechen sie vorher meist mit dem Vertrauenslehrer oder der Vertrauenslehrerin.

Weitere Möglichkeiten, Unterstützung zu bekommen, sind Jugendzentren, Selbsthilfegruppen oder natürlich auch einfach die eigene Familie, Nachbarn oder Freunde.

Auch in Kirchengemeinden gibt es häufig die Möglichkeit, ins Gespräch zu kommen, ohne dass es schon eine Idee geben muss, wie die Lösung aussehen könnte. Genauso häufig sind Trainer im Sportverein oder Leitende von Jugendgruppen Ansprechpartner bei Problemen. Die bundesweite Seelsorge ist telefonisch und auch online per Chat rund um die Uhr erreichbar.

Es gibt somit grundsätzlich ein sehr breites Feld an Hilfsangeboten. Welches Angebot passt oder welches letztendlich zur Lösung des aktuellen Problems beitragen kann, lässt sich meist in ein paar Telefonaten oder Gesprächen herausfinden. Also nur Mut und einfach anrufen oder eine Mail schreiben. Alle Menschen, die mit Beratung zu tun haben, wissen, wie schwer es sein kann, um Unterstützung zu bitten.

Sollte sich herausstellen, dass eine psychische Erkrankung vorliegt oder es starke Schwierigkeiten in der Emotionsregulation gibt, dann kann auch eine Psychotherapie sinnvoll sein.

PSYCHOTHERAPIE UND WEITERFÜHRENDE BEHANDLUNGSANGEBOTE

Eine Psychotherapie hat zum Ziel, problematische Verhaltensweisen, Leidensdruck und Symptome zu verstehen, zu lindern und im besten Fall zu heilen. Psychotherapie ist ein Werkzeug, um besser mit sich selbst, dem Leben und anderen umgehen zu können. Therapie ist aber kein Wundermittel. Wenn wir unter den eigenen Gefühlen leiden oder im Umgang mit anderen Probleme haben, kann eine Therapie helfen. Eine Psychotherapie wird dann von der Krankenkasse bezahlt, wenn sie aus medizinischer und gesundheitlicher Sicht notwendig ist.

Wir unterscheiden verschiedene Formen von Psychotherapie: die Verhaltenstherapie, die tiefenpsychologisch orientierte Psychotherapie, die systemische Therapie und die Psychoanalyse. Alle diese Begriffe bezeichnen verschiedene Wege und Methoden, die zum gleichen Ziel führen sollen: Leidensdruck, Symptome und Problemverhalten zu reduzieren und das Lebensgefühl, die zwischenmenschlichen Beziehungen und die eigenen Möglichkeiten, mit Problem umzugehen, zu verbessern. Die unterschiedlichen Therapieformen setzen lediglich verschiedene Schwerpunkte. Sehr verkürzt dargestellt, setzt die Verhaltenstherapie direkt beim Lösen des Problemverhaltens an, die tiefenpsychologische Therapie nähert sich über die Ursachen des Problemverhaltens der Lösung. Die systemische Therapie setzt den Schwerpunkt auf das System, in dem sich die erkrankte Person befindet (Familie, Arbeitsumfeld, Schulklasse usw.), wohingegen die Psychoanalyse den Schwerpunkt auf die Reflexion der Biografie legt. Je nach Therapieform bewilligt die Krankenkasse unterschiedlich lange Behandlungszeiten. In den letzten Jahren haben sich die unterschiedlichen Therapieschulen einander immer mehr angenähert und überschneiden sich inhaltlich inzwischen zum Teil.

Ab einem Alter von 16 Jahren können wir selbst entscheiden, ob wir eine Therapie beginnen möchten. Auch wenn wir über unsere Eltern versichert sind, ist eine Behandlung gegen ihren Willen möglich. Trotzdem sollte im ersten Schritt versucht werden, dies gemeinsam zu entscheiden.

Einen Therapieplatz zu bekommen ist nicht so einfach. In vielen etwas größeren Städten gibt es sogenannte Institutsambulanzen oder medizinische Versorgungszentren (MVZ). Das sind kleinere Zentren, wo mehrere Psychotherapeuten und

Psychiater arbeiten. Meist sind mit den Ambulanzen noch Kliniken oder Tageskliniken verbunden.

Das heißt, häufig ist eine kinder- und jugendpsychiatrische Ambulanz eine erste gute Anlaufstelle, wenn du dich dazu entschieden hast, eine Psychotherapie zu machen. Auch, wenn du dir noch nicht sicher bist, ob du wirklich eine Therapie brauchst, kannst du dich dort erst mal informieren und beraten lassen. So, wie du es beim Kinderarzt oder bei der Hausärztin auch machen würdest, wenn du ein körperliches Problem hast. Gemeinsam wird dann besprochen, welche Hilfe möglich und sinnvoll ist.

Nicht alle Ambulanzen bieten selbst Psychotherapie an, sondern geben eine Empfehlung für das weitere Vorgehen. Eine Ambulanz bietet in der Regel erst mal fünf Gesprächstermine an. Die Gespräche werden genutzt, um sich kennenzulernen, und oft werden zur besseren Einschätzung Fragebögen und Tests durchgeführt, um genau festzustellen, wo die Probleme liegen und ob eine psychische Erkrankung vorliegt. Es ist auch genauso möglich, sich an Psychotherapeutinnen und Psychotherapeuten zu wenden, die in einer eigenen Praxis arbeiten. Der Ablauf unterscheidet sich nicht grundlegend zwischen einer Ambulanz und einer Praxis.

Falls es notwendig wird, Medikamente bei psychischen Problemen zu nehmen, kommt der Psychiater oder die Psychiaterin ins Spiel.

Der Unterschied zwischen Psychotherapeuten und Psychiatern liegt in der Ausbildung. Psychiater haben Medizin studiert und dürfen deshalb auch Medikamente verschreiben. Sie führen in den meisten Fällen keine Therapiegespräche durch. Psychotherapeuten haben Psychologie oder Pädagogik studiert und dürfen keine Medikamente verschreiben. Sie führen Therapiegespräche und psychologische Diagnostik durch. Viele Menschen mit psychischen Erkrankungen werden sowohl von einer psychiatrischen als auch einer psychotherapeutischen Praxis begleitet.

Generell unterscheiden wir ambulante, teilstationäre und stationäre Behandlung.

Die ambulante Behandlung bedeutet, dass man in regelmäßigem Abstand zu einem Therapietermin geht. Das können Einzeltherapien sein, also du und der Therapeut sprechen miteinander, oder Gruppentherapien mit einem Therapeuten und mehreren Jugendlichen. In manchen Ambulanzen oder psychotherapeutischen Praxen gibt es auch Elterngruppen.

Der Vorteil von ambulanter Therapie ist, dass man zu Hause ist, zur Schule oder zur Arbeit gehen und auch sonst den Alltag ganz normal gestalten kann. Ambulante

Therapie wird meistens als erste Möglichkeit vorgeschlagen, weil sie am wenigsten in den Alltag der Jugendlichen und ihrer Familien eingreift. Wenn die Probleme aber schwerwiegender sind, können auch teilstationäre, also tagesklinische, oder stationäre Behandlungen sinnvoll sein.

Stationäre Behandlung bedeutet, dass man für einige Wochen oder Monate in einer psychiatrischen Klinik behandelt wird. Natürlich kann man an bestimmten Tagen Besuch bekommen und auch meistens an den Wochenenden nach Hause. Wie lange eine Behandlung dort dauert, richtet sich nach der Schwere der Erkrankung – genau wie in einem Krankenhaus auch.

In der Klinik gibt es eine klare Struktur, feste Mahl- und Ruhezeiten. Es gibt Einzel- und Gruppentherapien und andere Therapieangebote wie die Kunst-, Musik-, Bewegungs- oder Ergotherapie. Ein Sportangebot ist auch meist dabei sowie Beratungen durch Sozialarbeiter bei Problemen mit der Schule oder Ämtern. Rund um die Uhr ist Pflegepersonal und mindestens ein Arzt in der Klinik anwesend. Tagsüber sind die Therapeuten vor Ort.

Die teilstationäre bzw. tagesklinische Behandlung liegt zwischen der ambulanten und stationären. Das heißt, dass man zu Hause schläft, morgens in die Tagesklinik geht und dort bis nachmittags bleibt. Auch dort gibt es eine feste Struktur und die Angebote ähneln denen der Klinik.

Es gibt sehr unterschiedliche Kliniken und Psychotherapieangebote in Praxen. Manche sind auf ein bestimmtes Therapieverfahren oder eine bestimmte Erkrankung spezialisiert. Um sich darüber zu informieren, kann bei der eigenen Krankenkasse nachgefragt werden. Oder du suchst im Internet nach Angeboten.

EIN PAAR INFOS ZU MEDIKAMENTEN

Psychopharmaka sind Medikamente, die bei psychischen Erkrankungen eingesetzt werden, um Symptome zu lindern. Es ist wichtig zu wissen, dass diese Medikamente vor allem in Kombination mit einer Psychotherapie sinnvoll sind. Es gibt kein Medikament, das gegen emotionale Instabilität hilft oder die Emotionsregulationsstörung beseitigt. Somit sollten Medikamente bei Emotionsregulationsstörungen nur vorübergehend eingesetzt werden, wenn beispielsweise Symptome zu stark sind. Sie können aber nicht gezielt gegen selbstverletzendes Verhalten helfen. Oft wünschen sich Betroffene aber irgendeine medikamentöse Unterstützung, weil die ganzen starken Gefühle kaum aushaltbar scheinen. Sollten Medikamente gegeben werden, um zum Beispiel die abendliche Anspannung etwas abzumildern, dann sollten parallel auch Strategien im Umgang mit Gefühlen vermittelt werden, damit die Medikamente nicht zu einer langfristigen Lösung werden. Denn alle Medikamente haben nicht nur eine erwünschte Wirkung, sondern auch unerwünschte Wirkungen, sogenannte Nebenwirkungen.

Es ist wichtig, gut informiert und aufgeklärt zu sein und viel nachzufragen, wenn man beginnt, ein Medikament zu nehmen, um zu wissen, worauf man achten muss – wie oft bestimmte Werte, zum Beispiel Blutwerte, kontrolliert werden müssen und wie man schließlich wieder richtig mit der Einnahme aufhört. Es ist sinnvoll, zu wissen, welche Medikamentengruppen es gibt und wie sie, ergänzend zur Psychotherapie, eingesetzt werden. Dazu gehören im Jugendbereich am häufigsten:

Antidepressiva werden zur Behandlung und Vorbeugung von depressiven Phasen eingesetzt. Depressionen sind oft gekennzeichnet durch Antriebslosigkeit, Niedergeschlagenheit, Freudlosigkeit, Interessenverlust, Konzentrationsstörungen, Appetit- und Schlafveränderungen, Schuldgefühle oder Hoffnungslosigkeit sowie Suizidgedanken. Antidepressive Medikamente bewirken eine Antriebssteigerung und Stimmungsaufhellung. Manche haben auch eine leicht angstlösende Wirkung. Es dauert mehrere Wochen, bis eine Wirkung eintritt. Antidepressiva machen nicht abhängig.

Antipsychotika werden normalerweise bei der Behandlung von Psychosen eingesetzt, also in Phasen starken Realitätsverlustes, wie zum Beispiel bei Verfolgungswahn oder Halluzinationen. In niedriger Dosierung können sie aber auch bei Anspannung helfen oder bei Gedankenrasen. Viele Antipsychotika wirken innerhalb von 20 Minuten und werden deshalb oft in Krisensituationen eingesetzt, aber dann nur wenige Tage oder sogar nur einmalig. Die Nebenwirkungen sind zum Teil sehr gravierend, beispielsweise bewirken dauerhaft eingenommene Antipsychotika oft eine Gewichtszunahme. Bei einmaliger oder gelegentlicher Einnahme treten diese Nebenwirkungen gar nicht oder seltener auf. Aber es gibt auch hier erwünschte und unerwünschte Wirkungen.

Bei Kindern und Jugendlichen sind nur wenige Antipsychotika zugelassen und sie dürfen nur von einem Psychiater oder Hausarzt verschrieben werden. Eine Aufklärung über Wirkungen und Nebenwirkungen ist gesetzlich vorgeschrieben. Eltern müssen in die Gabe von Medikamenten einwilligen. Ab einem Alter von 16 Jahren können Jugendliche grundsätzlich auch ohne die Einwilligung der Eltern Medikamente verschrieben bekommen.

HILFE IN KRISEN

Wenn es uns so schlecht geht, dass wir nicht mehr weiterwissen, sind wir in einer Krisensituation. Krise ist sozusagen das Ende eines Spektrums, wo steht: »Es geht mir nicht gut.«

Wir haben das Gefühl, dass alles außer Kontrolle gerät und wir dabei manchmal uns oder andere in Gefahr bringen. Wir sind in einem Alarmzustand, können nicht mehr logisch denken, sondern handeln nach unseren Impulsen. Vor allem sucht die Krise immer nach der schnellsten Lösung. Und das ist dann oft langfristig nicht die beste Entscheidung.

Eine Krise kann spontan auftreten, also sehr schnell aufgrund eines aktuellen Geschehens oder Ereignisses, oder sich langsam aufbauen. Dabei geht es uns dann über einen längeren Zeitraum immer ein bisschen schlechter, auch wenn wir immer noch funktionieren. Wenn wir aber die Warnsignale wie Erschöpfung, Niedergeschlagenheit, Lustlosigkeit und Überforderung nicht ernst nehmen, kann es sein, dass es irgendwann zu viel wird und wir in eine akute Krise geraten. Manchmal kann es schwierig sein, zu wissen, ob man in einer richtigen Krise ist oder nicht.

Krisen rauben sehr viel Kraft und meistens kommen wir ohne Unterstützung nicht so schnell wieder heraus. Und wenn Suizidgedanken im Spiel sind, sollte man nicht zögern, sich Hilfe zu suchen.

Suizidalität Krisen, die mit starken Suizidgedanken einhergehen, nennen wir suizidale Krisen. Meist beginnen sie mit dem Gedanken an Suizid, ohne besonders konkret zu sein, mit Gedanken wie »Ach, es wär jetzt eigentlich leichter, nicht mehr da zu sein«. Die meisten Menschen haben solche Gedanken in schwierigen Situationen schon mal gehabt. Das sind noch keine Suizidgedanken, sondern eher Gedanken, die bei Überforderung auftreten und sicherlich als Warnsignal verstanden werden sollten.

In langen Belastungsphasen können sich aus diesen Überforderungsgedanken dann auch Suizidgedanken entwickeln. Suizidgedanken zu haben, bedeutet, über die Vorteile des Sterbens nachzudenken. Der eigene Tod wird zu einer Art Lösungsidee für eine Situation, die uns völlig überlastet oder sich unaushaltbar anfühlt. Das ist dann definitiv der Beginn einer Krise. Wenn wir dann immer noch keine Unterstützung in Anspruch nehmen, wie zum Beispiel mit nahestehenden Personen zu sprechen, können sich aus den Suizidgedanken konkrete Suizidpläne entwickeln. Denn wenn wir in einer sehr schwierigen Situation ständig über die eventuellen Vorteile des eigenen Todes nachdenken und das mit niemandem besprechen, dann drehen wir uns immer mehr im Kreis und werden meist nur noch verzweifelter. Die Gedanken verfestigen sich dann immer mehr, und dann entstehen die Pläne. Nicht selten haben sich Menschen in suizidalen Krisen einen genauen Plan für ihren Suizid zurechtgelegt. Wenn sich die Suizidgedanken so verstärkt haben, dass wir an kaum etwas anderes mehr denken können, dann ist es höchste Zeit für professionelle Unterstützung.

Die meisten Menschen mit Suizidgedanken sind erleichtert, wenn sie endlich jemandem von ihrer Krise, ihrer Überforderung und Hilflosigkeit berichten können. Solltest du konkrete Suizidgedanken haben, gibt es Hilfe und Unterstützung bei der Krisenbewältigung.

Krisen müssen nicht immer mit Suizidgedanken einhergehen. Wenn Suizidgedanken drängend werden, dann ist das Gespräch mit einem Psychologen oder einem Arzt notwendig. Das kann auch erst mal der Hausarzt oder die Kinderärztin sein, die dann an andere Stellen verweisen können. Jeder Stadt und jedem Kreis in Deutschland ist eine psychiatrische Klinik zugeteilt, die in Krisen zuständig ist. Das nennt sich Pflichtversorgung. Somit kann jeder Mensch in Krisen ein Gespräch in der Klinik bekommen. Sollte die Krise zu stark sein, ist eine direkte Notfallaufnahme auf einer psychiatrischen Station sinnvoll. Das entscheiden dann die Ärztinnen und Ärzte vor Ort gemeinsam mit dem Betroffenen. Wenn wir uns selbst den Weg dorthin nicht zutrauen oder wir uns sehr große Sorgen um eine suizidgefährdete Person machen, können wir uns unter der Telefonnummer 112 Hilfe holen. Dies ist aber sicherlich nur in Notfällen notwendig, aber dann auch völlig in Ordnung.

Allgemeine Krisenhilfe Wenn wir in einer Krise sind oder es uns einfach auch mal sehr schlecht geht, dann gibt es noch weitere Möglichkeiten, uns Unterstützung zu suchen. Dazu zählen auch die sozialpsychiatrischen Dienste, die meistens in den Gesundheitsämtern vor Ort zu finden sind. Und natürlich auch wieder Beratungsstellen, Seelsorgetelefone, Angehörige, Selbsthilfegruppen, Hausärzte, Freunde.

Alle Anlaufstellen oder Homepages für Hilfsangebote hier aufzuführen, würde zu weit führen. Aber unter den Suchbegriffen »Hilfe bei Suizidgedanken« oder »Wo bekomme ich Hilfe bei Krisen?« finden sich im Internet schnell Telefonnummern oder Chatmöglichkeiten – und das nicht nur für Betroffene, sondern auch für Angehörige und professionelle Helfer.

TRINE: *Mir hat in Krisen manchmal ein Telefonat geholfen, manchmal auch ein direktes Gespräch in einer Beratungsstelle. Ich finde es gut, mehrere Möglichkeiten zu haben, um dann, je nach Situation, nicht lange suchen zu müssen. So habe ich über die Jahre ein ganz gutes System zur Krisenbewältigung für mich zusammengestellt. Dazu zählt bei mir die Nummer gegen Kummer, ein Chat- und Mailsystem der Suizidprävention, meine beste Freundin, mein Therapeut und eine Frauenberatungsstelle.*

Krisenplan Sollten sich Krisen wiederholen, dann macht es Sinn, über einen Krisenplan nachzudenken. Darunter verstehen wir, eine kurze und klare Übersicht über die notwendigen Schritte und Kontaktdaten griffbereit zu haben, damit wir in der schwierigen Situation nicht anfangen müssen, nach irgendwas zu suchen. Auf dem Krisenplan sollten die Kontakte vermerkt sein, die uns unterstützen können. Es sollte auch die Telefonnummer der zuständigen Klinik notiert sein. Außerdem sollten dort auch die Dinge stehen, die uns in der Situation guttun bzw. helfen. Das können so banale Dinge sein wie »Musik hören« oder »sich eine Wärmflasche machen«, »Rätsel lösen«, »Computer spielen«, »spazieren gehen«. Der Krisenplan sollte allen bekannt sein, die mit ihren Kontaktdaten dort erwähnt sind.

Sich beim Helfen helfen lassen Für Menschen, die jemanden in einer Krise unterstützen möchten, gibt es ein paar wichtige Tipps. Ruhe bewahren hilft am meisten. Dann sollten die Aufgaben untereinander verteilt werden: Einer bleibt bei der Person, die in der Krise ist, und beruhigt, tröstet, lenkt sie ab. Ein anderer kümmert sich um Hilfe, ruft zum Beispiel in einer psychiatrischen Klinik an, um sich zu erkundigen, was als Nächstes zu tun ist.

Wenn bei den helfenden Menschen eine Überforderung eintritt, dann ist das Anrufen der Notfallnummer 112 auch immer eine Möglichkeit. Die Frage, ob jemand Suizidgedanken hat, ist sinnvoll. Sie sollte nicht aus falscher Scham vermieden werden. Viele haben Angst, jemanden durch diese Frage »auf dumme Ideen zu bringen«. Das ist aber nicht so. Wir treiben niemanden mit dieser Frage in eine Krise, und wenn jemand Suizidgedanken hat, ist es oft erleichternd, wenn damit offen umgegangen wird.

EIN PAAR WORTE ZUM SCHLUSS

Nun hast du bis hierher gelesen. Wir hoffen, dass du etwas mitnehmen konntest, vielleicht etwas Neues erfahren hast, vielleicht dich und die Schwierigkeiten, in denen du dich befindest oder andere sich befinden, wiedererkannt hast und sie besser einordnen kannst. Und vielleicht hast du auch Ideen bekommen, die du umsetzen möchtest. Das alles braucht Übung und Geduld – gib nicht auf!

Gefühle sind nichts Schlimmes – sie gehören zum Leben. Und das kann sehr schön und auch sehr anstrengend sein.

Wir wünschen dir und euch alles Gute!

Simone Stojan und Narona Thordsen

LITERATUR

WEITERFÜHRENDE LITERATUR

Hoffmann, M.; Michaux, G. (2018): Grenzenlos emotional. Von impulsiv bis Borderline. Köln: Balance buch + medien.

Knuf, A. (2018): Widerstand zwecklos. Wie unser Leben leichter wird, wenn wir annehmen, wie es ist.

Knuf; A.; Tilly, C. (2018): Borderline: Das Selbsthilfebuch. 8. Auflage. Köln: Balance buch + medien.

Ledoux, J. (2001): Das Netz der Gefühle: Wie Emotionen entstehen. München: dtv.

Wersin, P.; Schoppmann, S. (2019): Selbstverletzendes Verhalten. Wie Sie Jugendliche unterstützen können, Köln: Balance buch + medien.

Wewetzer, G.; Bohus, M. (2017): Borderline-Störung im Jugendalter: Ein Ratgeber für Jugendliche und Eltern. Göttingen: Hogrefe.

VERWENDETE LITERATUR

Adrian, M.; Zeman, J.; Erdley, L. L.; Slim, L. (2011): Emotional dysregulation and interpersonal difficulties as risk factors for nonsuicidal self-injury in adolescent girls. J Abnorm Child Psychol, 39(3): 389–400.

Auer, A. K.; Bohus, M. (2017): Interaktives Skillstraining für Jugendliche mit Problemen der Gefühlsregulation (DBT-A): Das Therapeutenmanual. Stuttgart: Schattauer.

Bohus, M. (2019): Borderline Störung. 2. Auflage. Göttingen: Hogrefe.

Brown, B. (2010): The gifts of imperfection: Let go of who you think you're supposed to be and embrace who you are. Hazelden: Center City.

Crowell, S. E.; Beauchaine, T. P.; Linehan, M. M. (2009): A biosocial developmental model of borderline personality: Elaborating and extending Linehan's theory. Psychol Bull, 135(3): 495–510.

Dilling, H.; Mombour, W.; Schmidt, M. H. (Hg.) (2014): Internationale Klassifikation psychischer Störungen. ICD-10, Kapitel V (F), klinisch-diagnostische Leitlinien. Bern: Huber.

Dishion, T. J.; Nelson, S. N.; Bullock, B. M. (2004): Premature adolescent autonomy: Parent disengagement and deviant peer process in the amplification of problem behavior. J Adolesc, 27(5): 515–530.

Ekman, P. (2016): Gefühle lesen: Wie Sie Emotionen erkennen und richtig interpretieren. Berlin: Springer.

Falkai, P. (Hg.) (2015): Diagnostisches und Statistisches Manual Psychischer Störungen – DSM-5. Göttingen u. a.: Hogrefe.

Feldman Barrett, L.; Lewis, M.; Haviland-Jones, J. M. (2018): Handbook of emotions. 4. Auflage. New York: Guilford Press.

Fleischhaker, C.; Sixt, B.; Schulz, E. (2011): DBT-A: Dialektisch-Behaviorale Therapie für Jugendliche. Therapiemanual mit Arbeitsbuch auf CD. Online-Ausgabe. Berlin, Heidelberg: Springer.

Fruzzetti, A. E. (2006): The high-conflict couple: A Dialectical Behavior Therapy guide to finding peace, intimacy, and validation. Oakland: New Harbinger.

Greenberg, L. S. (2006): Emotionsfokussierte Therapie. Tübingen: dgvt.

Hoeksma, J. B.; Oosterlaan, J.; Schipper, E. M. (2004): Emotion regulation and the dynamics of feelings: A conceptual and methodological framework. Child Dev, 75(2): 354–360.

In-Albon, T. (Hg.) (2013): Emotionsregulation und psychische Störungen im Kindes- und Jugendalter. Grundlagen, Forschung und Behandlungsansätze. Stuttgart: Kohlhammer.

Kapfhammer, H. P. (2001): Trauma und Dissoziation – eine neurobiologische Perspektive. Persönlichkeitsstörungen: Theorie und Therapie, 6(1): 4–27.

Larson, R.; Moneta, G.; Richards, M. H.; Wilson, S. (2002): Continuity, stability, and change in daily emotional experience across adolescence. Child Dev, 73(4): 1151–1165.

Ledoux, J. (2001): Das Netz der Gefühle: Wie Emotionen entstehen. München: dtv.

Linehan, M. M. (2008): Dialektisch-Behaviorale Therapie (DBT) der Borderline-Persönlichkeitsstörung. Gießen: Psychosozial-Verlag.

Ochsner, K. N.; Gross, J. J. (2005): The cognitive control of emotion. Trends Cogn Sci, 9(5): 242–249.

Rathus, J. H.; Miller, A. L. (2015): DBT skills manual for adolescents. New York, London: Guilford Press.

Sendera, A.; Sendera, M. (2016): Skills-Training bei Borderline- und Posttraumatischer Belastungsstörung. 4. Auflage. Berlin u. a.: Springer.

Stavemann, H. H. (1999): Emotionale Turbulenzen. 2. Auflage. Weinheim: Beltz PVU.

Wallnau, L. B.; Gallup, G. G. (1977): A serotonergic, midbrain-raphe model of tonic immobility. Biobehavioral Reviews, 1(1): 35–43.

Wewetzer, G.; Bohus, M. (2017): Borderline-Störung im Jugendalter: Ein Ratgeber für Jugendliche und Eltern. Göttingen: Hogrefe.

Jenseits der reinen Symptome der Borderline-Problematik spielt natürlich auch die Art und Weise eine Rolle, wie Betroffene und ihre Umgebung die daraus resultierenden Schwierigkeiten erleben und wie sie mit ihnen umgehen. Wird Borderline als Krankheit, als sinnvolle Überlebensstrategie oder als erfolgloser Bewältigungsversuch betrachtet? Welche Erklärungen über die Ursachen der Erkrankung jemand hat und welche Chancen er zur Besserung sieht, entscheidet mit darüber, wie jemand mit den Borderline-Problemen umgeht. Wie kann es gelingen, die Schwierigkeiten als Teil der Persönlichkeit zu akzeptieren und sie dennoch nicht zum alles beherrschenden Lebensthema werden zu lassen?

Bin ich wirklich krank?

Viele Borderline-Betroffene haben gar nicht das Gefühl, krank zu sein. Sie fragen sich, ob sie nicht vielleicht nur »simulieren«, wenn sie sich hin und wieder so schlecht fühlen und glauben, das Leben keine Sekunde länger aushalten zu können, obwohl sie gleichzeitig an ihrem Arbeitsplatz Höchstleistungen erbringen. Sie haben das Gefühl, in einem »gigantischen Theaterstück« mitzuspielen, aus dem sie jederzeit aussteigen können. Sie fragen sich dann, ob sie nicht doch kerngesund sind und das merkwürdige Gefühl, dass irgendetwas nicht stimmt, durch mehr Selbstdisziplin o. Ä. loswerden können.

Wenn man sich nicht krank fühlt, ist es schwierig, sich Hilfe zu holen. Was soll man beim Arzt, wenn man nicht erklären kann, was mit einem los ist? Wie soll man das Unerklärbare in Worte fassen? Viele Betroffene kennen ihre Symptome seit der Pubertät, manchmal schon seit der Kindheit. Selbstverletzung, Suizidgedanken und ständige Flucht vor dem Alleinsein gehören für Borderline-Betroffene unter

Umständen ebenso zum Alltag wie das morgendliche Zähneputzen oder die Fahrt zur Schule oder zur Arbeit. Auch deshalb ist es schwierig, sich als krank zu beschreiben. Noch einmal schwieriger wird es, weil die typischen Borderline-Probleme zumeist sehr extreme Ausprägungen von Erlebnisweisen sind, die so gut wie jeder Mensch kennt: Ein inneres Gefühl von Leere, Ängste, Wutgefühle oder die Neigung zur Sucht sind nur einige davon. Bei Personen mit Borderline sind sie in ihrer Ausprägung jedoch gefährlich verstärkt und bewirken dadurch Schwierigkeiten vor allem im zwischenmenschlichen Umgang.

Als krank zu gelten ist daher für viele Betroffene eher problematisch. Zwar sind sie einerseits sehr erleichtert, sich in einer Krankheitsdefinition wiederzufinden, das »Kind hat dann endlich einen Namen«, andererseits erleben sie diese Definition als eine stigmatisierende Zuschreibung von außen: Menschen, die nicht »pflegeleicht« und unkompliziert sind, werden als krank abqualifiziert und sollen durch Therapeuten oder Medikamente wieder »gesellschaftsfähig« gemacht werden. Viele Betroffene wehren sich auch zu Recht gegen das negative Bild und vorhandene Vorurteile Borderline gegenüber. Borderline kann also ganz verschieden betrachtet werden: Oft ist es eine Sammlung wunderbarer Fähigkeiten, häufig ist es eine lebensgefährliche Krankheit und fast immer ist es ein psychisches Problem, das mit vielen kleinen Problemen im Alltag verbunden ist.

Das Stehaufmännchen

Personen mit Borderline sind Überlebenskünstler. Eine Betroffene sagt: »Wir sind wie ein Stehaufmännchen: Man kann uns umwerfen, wie man will, wir kommen immer wieder auf die Beine.« Und tatsächlich sind die meisten Betroffenen Kämpfernaturen. Sie wollen leben und